T0209482

essentials liefern aktuelles Wissen in konzentrierter Form. Die Essenz dessen, worauf es als „State-of-the-Art" in der gegenwärtigen Fachdiskussion oder in der Praxis ankommt. *essentials* informieren schnell, unkompliziert und verständlich

- als Einführung in ein aktuelles Thema aus Ihrem Fachgebiet
- als Einstieg in ein für Sie noch unbekanntes Themenfeld
- als Einblick, um zum Thema mitreden zu können

Die Bücher in elektronischer und gedruckter Form bringen das Fachwissen von Springerautor*innen kompakt zur Darstellung. Sie sind besonders für die Nutzung als eBook auf Tablet-PCs, eBook-Readern und Smartphones geeignet. *essentials* sind Wissensbausteine aus den Wirtschafts-, Sozial- und Geisteswissenschaften, aus Technik und Naturwissenschaften sowie aus Medizin, Psychologie und Gesundheitsberufen. Von renommierten Autor*innen aller Springer-Verlagsmarken.

Weitere Bände in der Reihe https://link.springer.com/bookseries/13088

Philipp Degens · Lukas Lapschieß

Zivilgesellschaftliches Wirtschaften

Ein konzeptioneller Vorschlag

 Springer VS

Philipp Degens
Universität Hamburg
Hamburg, Deutschland

Lukas Lapschieß
Universität Hamburg
Hamburg, Deutschland

ISSN 2197-6708   ISSN 2197-6716 (electronic)
essentials
ISBN 978-3-658-36062-7   ISBN 978-3-658-36063-4 (eBook)
https://doi.org/10.1007/978-3-658-36063-4

Die Deutsche Nationalbibliothek verzeichnet diese Publikation in der Deutschen Nationalbibliografie; detaillierte bibliografische Daten sind im Internet über http://dnb.d-nb.de abrufbar.

Planung/Lektorat: Jan Treibel
Springer VS ist ein Imprint der eingetragenen Gesellschaft Springer Fachmedien Wiesbaden GmbH und ist ein Teil von Springer Nature.
Die Anschrift der Gesellschaft ist: Abraham-Lincoln-Str. 46, 65189 Wiesbaden, Germany

Was Sie in diesem *essential* finden können

- Eine Einführung in den Begriff der Zivilgesellschaft mit dem Fokus auf die sozialwissenschaftliche Forschung der letzten drei Dekaden
- Eine vergleichende Vertiefung der verschiedenen Konzeptionen der Zivilgesellschaft als gesellschaftlicher Teilbereich, als Handlungsweise und als Utopie-Entwurf
- Knappe Einführungen in Konzepte des Gemeinwohls und des Wirtschaftens
- Die Unterscheidung eines Begriffes zivilgesellschaftlichen Wirtschaftens im weiten Sinne und im engen Sinne anhand der Dimensionen der Gemeinwohlorientierung und Demokratie
- Eine Verknüpfung der Diskurse um Zivilgesellschaft, Dritter Sektor, alternatives Wirtschaften, Präfiguration, reale Utopien, Konvivialismus und Genossenschaften

Vorwort

Dieses *essential* ist im Rahmen des vom Bundesministerium für Bildung und Forschung (BMBF) geförderten Forschungsprojekts „Teilgabe – Die bürgerschaftliche, genossenschaftliche und sozialunternehmerische Schaffung und Gestaltung von gemeinwohlorientierter Versorgung, Teilprojekt Zivilgesellschaftliche und bürgerschaftliche Analyse" (Förderkennzeichen 01UG2016C, weitere Informationen unter www.teilgabe.net) entstanden. Wir wollen den Zivilgesellschaftsdiskurs in Richtung wirtschaftliches Handeln weiterentwickeln und eine differenzierte Perspektive aufzeigen, die beide Themenkomplexe integriert.

Wir danken dem BMBF für die Förderung sowie unseren Projektpartner:innen und weiteren Kolleg:innen für wertvolles Feedback zu früheren Versionen. Insbesondere möchten wir uns bei Frank Adloff, Sören Altstaedt, Johannes Blome-Drees, Sonja Breidbach, Benno Fladvad, Burghard Flieger, Victoria Hünewaldt, Christian Lautermann, Joschka Moldenhauer, Jonas Pentzien, Annabelle Putscher, Simone Schiller-Merkens und Carla Young für die gute Zusammenarbeit und/oder wertvolles Feedback zu früheren Versionen des Textes bedanken. Auch danken wir den Diskussionsteilnehmer:innen des Kollegforums der DFG-Kollegforschungsgruppe „Zukünfte der Nachhaltigkeit: Modernisierung, Transformation, Kontrolle" an der Universität Hamburg, denen wir im Januar 2021 Teile des Konzepts vorstellen konnten.

Hamburg   Philipp Degens
im Juli 2021   Lukas Lapschieß

Inhaltsverzeichnis

Über die Autoren

Dr. Philipp Degens, Kollegforschungsgruppe „Zukünfte der Nachhaltigkeit: Modernisierung, Transformation, Kontrolle", Universität Hamburg. Gorch-Fock-Wall 5-7, 20354 Hamburg, philipp.degens@uni-hamburg.de

Lukas Lapschieß, Fachgebiet Soziologie im Fachbereich Sozialökonomie, Universität Hamburg. Welckerstr. 8, 20354 Hamburg, lukas.lapschieß@uni-hamburg.de

Einleitung

1

Gegenstand dieses *essentials* ist die Erarbeitung und theoretische Auskleidung einer Konzeption zivilgesellschaftlichen Wirtschaftens. Dazu führen wir in den Begriff der Zivilgesellschaft ein und wenden zentrale Merkmale auf Formen wirtschaftlichen Handelns an. Die Ideengeschichte der Zivilgesellschaft reicht bis in die Antike und geht auf Aristoteles' Beschreibung der Bürgervereinigungen zurück, die über die griechischen Poleis herrschten. Es handelte sich dabei um eine „Gemeinschaft von Bürgern, die sich zum Zwecke des ‚guten‘, das heißt des tugendhaften und glücklichen Lebens" (Adloff, 2005a, S. 17) zusammenschlossen. Der Zivilgesellschaftsbegriff wurde im historischen Verlauf mehrfach umgedeutet, wobei besonders das Verhältnis zu Staat und Wirtschaft im Zentrum stand. Der Diskurs zur Zivilgesellschaft wies dabei immer eine dezidierte Gemeinwohlorientierung auf bzw. er machte die Bestimmung des Gemeinwohls zum Gegenstand. Zu den zentralen Etappen der Begriffsentwicklung zählen die Zeit der Aufklärung und die damit verbundene bürgerliche Emanzipation seit Ende des 18. Jahrhunderts sowie die Demokratiebewegungen in Osteuropa ab den 1980ern. Seitdem erhielt der Diskurs um den Begriff der Zivilgesellschaft größere Aufmerksamkeit. Die bereits während der Aufklärung formulierten normativen Grundlagen werden dabei zunehmend um kapitalismuskritische Perspektiven ergänzt (Adloff et al., 2016, S. 14). Zivilgesellschaft als gemeinwohlorientierte Idee mit dem Ziel einer *guten Gesellschaft* hat dabei seit der Antike überdauert.[1] In der Literatur werden Zivilgesellschaft und zivilgesellschaftliches Handeln primär mit Blick auf politische Dimensionen untersucht und

---

[1] Ausführliche Darstellungen und Diskussionen des Zivilgesellschaftsbegriffs finden sich stellvertretend für viele weitere in Adloff (2005a); Alexander (2006); Cohen und Arato (1999); Edwards (2008); Keane (1998); Klein (2001); Schmidt (2007); Strachwitz et al. (2020).

P. Degens und L. Lapschieß, *Zivilgesellschaftliches Wirtschaften*, essentials, https://doi.org/10.1007/978-3-658-36063-4_1

Zivilgesellschaft als ein Ort der Vermittlung zwischen Gesellschaft und staatlicher Politik verstanden. Dies hängt sicherlich mit der lange vorherrschenden
Auffassung von Zivilgesellschaft als eigenständiger, nichtwirtschaftlicher Sphäre
zusammen. Demgegenüber betrachten wir die Verschränkung von Wirtschaft und
Zivilgesellschaft mit Blick auf genuin zivilgesellschaftliche Initiativen und Organisationen, die sich wirtschaftlich betätigen. Damit geht es um solidarisches,
demokratisches, konviviales und gemeinwohlorientiertes Wirtschaften. Da im
Zivilgesellschaftsdiskurs insbesondere mit Blick auf das Verhältnis zur Wirtschaft
keine einheitliche Terminologie verwendet wird, beziehen wir selektiv Literatur
zu den Themengebieten Dritter Sektor, Non-Profit-Sektor, gemeinnütziger Sektor, Soziale und Solidarische Ökonomie oder Human Economy ein, da diese
Begriffe teilweise mit Zivilgesellschaft gleichgesetzt werden. Ziel ist es, einen
Vorschlag für die Konzeption zivilgesellschaftlichen Wirtschaftens auszuarbeiten,
wobei wir zwischen einem weiteren und einem engeren Begriff unterscheiden.
Dabei betrachten wir insbesondere den deutschsprachigen und Teile des europäischen sowie des US-amerikanischen Diskurses. Die Perspektive bleibt daher im
Globalen Norden und in westlichen Auslegungen verhaftet.

Für das vorliegende *essential* führen wir in einem ersten Schritt in wesentliche
begriffliche Grundlagen ein, deren spätere Zusammenführung eine Konzeption
von „zivilgesellschaftlichem Wirtschaften" erlaubt. Um sich der Thematik zu
nähern, stellen wir zunächst das zugrunde liegende Wirtschaftsverständnis dar,
das sich an Karl Polanyis Konzept der Einbettung orientiert und entgegen
dem formalen Wirtschaftsbegriff neoklassischer Theorie positioniert ist (Kap. 2).
Im Anschluss diskutieren wir knapp die Begriffe Gemeinwohl und Gemeinwohlorientierung, da diese zentral für ein Verständnis der Zivilgesellschaft und
damit auch des zivilgesellschaftlichen Wirtschaftens sind (Kap. 3). Nach diesen
beiden Kapiteln zu begrifflichen Grundlagen widmen wir uns dem Schlüssel-
begriff der Zivilgesellschaft selbst. Hier führen wir zunächst allgemein in die
wichtigsten Konstitutionsmerkmale und normativen Grundlagen des Themen-
komplexes ein und schließen das Kapitel mit einem kurzen Einblick in die
Wirkungen der Zivilgesellschaft (Kap. 4). Dann diskutieren wir jeweils eine der
drei von Jürgen Kocka (2004) unterschiedenen analytischen Perspektiven auf
die Zivilgesellschaft, und zwar erstens als Bereich oder Sektor, zweitens als
Handlungslogik und drittens als utopisches Projekt (Kap. 5). Dabei zeigen wir
unter Bezugnahme auf die Literatur zu Hybridisierung insbesondere die Unschärfen einer strikten sektoralen Trennung gesellschaftlicher Sphären wie „Staat",
„Markt" und „Zivilgesellschaft" auf (Abschn. 5.1) und erörtern einen zivilgesellschaftlichen Handlungsbegriff als „civic action" nach Lichterman und Eliasoph

(2014) (Abschn. 5.2). Unter Rückgriff auf den Utopiecharakter von Zivilge-sellschaftlichkeit verweisen wir außerdem auf die Vorstellung gesellschaftlicher Selbstorganisation als Zusammenschluss Gleicher (Abschn. 5.3). Die vorherge-henden Ausführungen zusammenführend, entwickeln wir unseren konzeptionellen Vorschlag, der zwischen einem weiten und einem engen Begriff zivilgesellschaft-lichen Wirtschaftens unterscheidet (Kap. 6). Diese Unterscheidung treffen wir anhand zweier Dimensionen: der externen Dimension der Gemeinwohlorientie-rung und der internen Dimension der demokratischen Governancestruktur. Wenn sich Organisationen und kollektive Handlungen nach außen der Mehrung des Gemeinwohls verschreiben und im Innern hierarchisch organisiert sind, sprechen wir von zivilgesellschaftlichem Wirtschaften im weiten Sinne. Organisationen oder kollektive Handlungen, die nach außen der Mehrung des Gemeinwohls die-nen und außerdem im Innern demokratische Governancestrukturen – die interne Dimension – aufweisen, subsumieren wir hingegen unter den engen Begriff zivilgesellschaftlichen Wirtschaftens.

Wirtschaften: wider die neoklassische Engführung

Das in den Wirtschaftswissenschaften noch immer wesentliche Standardmodell der neoklassischen Theorie und des Homo oeconomicus suggeriert, Wirtschaften sei das Zusammenspiel rationaler Akteur:innen, die zur individuell-egoistischen Nutzenmaximierung unter Knappheitsbedingungen handeln (kritisch aus wirtschaftssoziologischer Perspektive: Deutschmann, 2007; Sparsam, 2015, S. 91 ff.). Damit einher geht die weitverbreitete Vorstellung, dass Wirtschaften stets profitorientiert und der Markt die Allokationsform des Wirtschaftens schlechthin ist. Zudem fokussiert eine herkömmliche Vorstellung der Wirtschaft auf die formale Ökonomie; gewirtschaftet wird, wo Geld fließt. Diese implizite Gleichsetzung von Wirtschaft, Unternehmen, Profitorientierung und Marktwirtschaft greift jedoch zu kurz. Denn eine solche Vorstellung grenzt etwa Reproduktions- und nichtvermarktete Care-Arbeit aus (stellvertretend für viele: Notz, 2011, S. 13 ff.) und verstellt auch den Blick auf Unternehmen, die nicht profitorientiert wirtschaften (Evers & Laville, 2005). Überhaupt wird das Spektrum nichtkapitalistischer Ökonomie ausgeblendet (Gibson-Graham, 2014).

Die Generalisierung eines solch engen Begriffs von „wirtschaftlich" bezeichnet Karl Polanyi (1977) als einen „ökonomistischen Fehlschluss". Um der empirischen Vielfalt des Wirtschaftens gerecht zu werden, bedarf es hingegen eines umfassenderen Begriffes. Polanyi schlägt vor, zwischen einem formalen und einem substantiven Begriff des Wirtschaftlichen zu differenzieren. Ersterer deckt sich seiner Ansicht nach weitgehend mit neoklassischer Modelltheorie und bezieht sich formallogisch auf die Relation von Zwecken und Mitteln. Dieser Begriff findet Anwendung, wenn Akteur:innen solche Entscheidungen unter Knappheitsbedingungen treffen, die ihren jeweiligen Eigennutzen maximieren. Der breitere, substantive Begriff hingegen ist ein empirischer, nicht formallogischer und soll die Abhängigkeit der Menschen von Natur und Mitmenschen bei der Sicherstellung ihres Lebensunterhalts erfassen. Mit ihm werden also

P. Degens und L. Lapschieß, *Zivilgesellschaftliches Wirtschaften*, essentials, https://doi.org/10.1007/978-3-658-36063-4_2

empirisch vorfindbare, historisch und sozial kontextualisierte Wirtschaftsweisen betrachtet und die Vielfalt von wirtschaftlichen Aktivitäten zur materiellen Bedürfnisbefriedigung in ihrer Abhängigkeit von der natürlichen und sozialen Umgebung einbezogen (Degens, 2018a, S. 73 ff.).

Unter den substantiven Begriff können verschiedene Wirtschaftsgesinnungen fallen, etwa solche, die dem Erwerbsprinzip folgen und profitorientiert sind, aber auch solche, bei denen nicht Erwerb und Profite erzielt werden, sondern die Deckung von konkreten Bedarfen im Mittelpunkt steht (zur Unterscheidung zwischen Erwerbswirtschafts- und Bedarfsdeckungsprinzip vgl. Sombart, 1927, S. 18). Damit ist der Blick für die Diversität des Ökonomischen geöffnet, womit nach Gibson-Graham (2008) der „Kapitalozentrismus" überwunden werden kann, der in der Gesellschaft wie in der wissenschaftlichen Analyse vorherrscht und gleichsam performativ wirkt (vgl. auch Gibson-Graham et al., 2013). Polanyi identifiziert in seinen historisch-vergleichenden Arbeiten unterschiedliche Formen der Distribution von Gütern und Dienstleistungen. Der Markttausch offenbart sich dann nicht als universelle wirtschaftliche Koordinationsform, sondern als eine mögliche Form unter mehreren. Als nichtmarktliche Distributionsformen nennt Polanyi erstens Redistribution, womit er sich im Wesentlichen auf asymmetrisch-zentralistische Formen wie Tribute oder Steuern bezieht, zweitens Reziprozität, also auf den symmetrisch-dezentralen, erwiderten Austausch von Gaben basierenden Formen der Wechselseitigkeit (Mauss, 1990) und drittens das Prinzip der Haushaltung (Polanyi, 1978, 1957). In jedem Wirtschaftssystem finden sich Mischungen dieser Formen: „As a rule, it is impossible to classify economies according to a single basic pattern, since reciprocity, redistribution, and market exchange are not mutually exclusive, and dominance cannot, as a rule, be claimed for any of them (except again, in case of the market system)" (Polanyi, 1971, S. 20; vgl. Graeber, 2014, 2012, Kap. 5). Auch in kapitalistischen Volkswirtschaften ergänzen und modifizieren sich wechselseitig verschiedene Organisationsprinzipien, die über eine bloße Gegenüberstellung von privatwirtschaftlichen und öffentlichen Unternehmen hinausgehen (Thiemeyer, 1970a, S. 11). Die lange Zeit in Vergessenheit geratene Tradition der Theorie der Gemeinwirtschaft verweist gerade auf die Vielfalt ökonomischer Formen und Prinzipien (Thiemeyer, 1970a, b) und versucht zu zeigen, dass Wirtschaften und Gemeinwohlorientierung sich nicht ausschließen.

In der Forschung zu Wirtschaft und Zivilgesellschaft bildet einen zentralen Ausgangspunkt die Erkenntnis, dass eine Vielzahl von Organisationsformen, welche nur zum Teil dem Markt oder dem Staat angehören, an der gesellschaftlichen Wohlfahrtsproduktion beteiligt sind. Dies wird in der Literatur als „Welfare Mix" bezeichnet (Evers, 1995). Wir werden sehen, dass sich zivilgesellschaftliche

Assoziationen, die wirtschaftlich Handeln, als Organisationstypus fassen lassen, welcher eine Form der „Ökonomie [betreibt, die] nicht identisch mit Marktprozessen und nicht identisch mit Kapitalismus", sondern sehr auf „Redistribution und Reziprozität angewiesen" ist und diese auch befördert (Adloff et al., 2016, S. 16; vgl. auch Elsen & Walk, 2016, S. 61). An dieser Stelle sei bereits auf den verbreiteten Begriff des Dritten Sektors (Evers & Laville, 2005) oder Non-Profit-Sektors (Powell, 2020) verwiesen, der oftmals dazu dient, diese zivilgesellschaftlichen Organisationen zusammenzufassen. Um der lange vorherrschenden Zweiteilung der Wirtschaft zu entgehen, führt Amitai Etzioni (1972) diesen Begriff des Dritten Sektors ein, mit dem er einen spezifischen Bereich zwischen Staat und Markt benennt. Er beschreibt ihn als Mix aus „private business and governmental elements" (Etzioni, 1972, S. 41), den er prinzipiell in der Lage sieht, Vorteile der Koordinationsmechanismen sowohl von staatlichen Institutionen als auch von im Wettbewerb stehenden Unternehmen zu vereinen. Wir kommen später auf die Vorstellung des Dritten Sektors als Ort zivilgesellschaftlichen Wirtschaftens und auf die damit einhergehenden Schwierigkeiten zurück (Abschn. 5.1).

Für unsere allgemeine Begriffsbestimmung des Wirtschaftlichen ist jedenfalls zentral: Die in der neoklassischen Theorie überwiegende formallogische Vorstellung von Wirtschaften als stets rational-eigeninteressiertes Handeln unter Knappheitsbedingungen verstellt den Blick auf die tatsächliche ökonomische Diversität. Die substantivistische Perspektive auf Wirtschaft richtet den analytischen Blick auf die Art und Weise, wie Wirtschaften institutionalisiert wird. In Marktgesellschaften wird der Marktmechanismus zur zentralen Leitidee wirtschaftlicher Steuerung, die Wirtschaft aus ihren sozialen und kulturellen Zusammenhängen entbettet (Polanyi, 1978 [1944]). Reziproke wie redistributive Allokationsformen gehen hingegen mit einer anderen Form der Einbettung der Wirtschaft in die Gesellschaft einher. Mit diesem Begriff der Einbettung (Polanyi, 1978 [1944], S. 87 ff.; Beckert, 2009; Krippner, 2001; Degens, 2018a, S. 83 ff.) lässt sich die konstitutive Verwobenheit von Wirtschaft und Gesellschaft erfassen. Er bezeichnet die Art und Weise, wie das Wirtschaften mit kulturellen, moralischen, juristischen etc. Beziehungen verflochten ist. Mit Blick auf das Thema dieses *essentials* ist etwa zu fragen, inwieweit zivilgesellschaftlichen Akteur:innen eine moralökonomische (Wieder-)Einbettung der Wirtschaft gelingt (Degens, 2018a). Diesen Überlegungen folgend, kann ein Verständnis genuin zivilgesellschaftlichen Wirtschaftens entwickelt werden, welches Kernmerkmale zivilgesellschaftlicher Handlungsweisen innerhalb des Wirtschaftlichen institutionalisiert. Zivilgesellschaft ist dann nicht der Wirtschaft äußerlich und trägt moralische Kritik an sie heran, sondern äußert Kritik qua Etablierung einer alternativen Form des Wirtschaftens.

Gemeinwohl und Gemeinwohlorientierung

3

Zivilgesellschaftliche Aktivitäten beziehen sich nicht auf die Interessen Einzelner, sondern auf das Gemeinwohl. Zivilgesellschaftliches Handeln ist somit notwendig gemeinwohlorientiert.[1] Was aber bedeutet *Gemeinwohl?* Dieser Begriff ist weitgehend unbestimmt (Offe, 2002; Hasenöhrl, 2005; Engel, 2001). Es gibt weniger das Gemeinwohl im Singular als eher eine Reihe von „rivalisierenden Gemeinwohldeutungen" (Offe, 2002, S. 55). Neben sachlichen Merkmalen divergieren auch soziale, räumliche und zeitliche Reichweiten der Gemeinwesen- und Gemeinwohlbegriffe (Hasenöhrl, 2005; Messner & Scholz, 2018). Einer allgemeinen Definition entzieht sich der Terminus aufgrund seiner Unschärfe und Freiheitsgrade, die Claus Offe als vier Rationalitätsprobleme benennt: Erstens das Problem der *„sozialen Referenz"* (Um wessen Gemeinwohl geht es?), zweitens das des zeitlichen *„Planungshorizont*[s]" (Sind die als dem Gemeinwohl dienlich betrachteten Werte der Gegenwart auch in Zukunft noch gültig?), drittens den *„sachlichen Merkmalen"* (Welche Güter und Werte werden durch gemeinwohlorientiertes Handeln produziert?) und viertens den *„Akteuren und Verfahren"* (Welche Akteur:innen sind in welcher Weise an der Bearbeitung und Klärung der drei vorangegangenen Probleme bzw. Fragen zu beteiligen?) (Offe, 2002, S. 64 f., Hervorhebungen im Original).

Diese Probleme verweisen bereits darauf, dass eine substantialistische a-priori-Definition des Gemeinwohls (d. h. eine das Gemeinwohl in sachlicher Hinsicht allgemein festlegende normative Definition) zurückzuweisen ist; stattdessen sind

---

[1] Mit Verweis auf diese direkte Gemeinwohlorientierung grenzen wir uns von denjenigen Konzeptionen in liberaler Tradition ab, die in Märkten und eigeninteressierten, profitwirtschaftlichen Handeln Institutionen sehen, deren indirekte, gleichsam unbeabsichtigte Nebenfolge das Gemeinwohl ist. Ausführlich zu diesem Topos als „Doux Commerce" Hirschman (1992) bzw. als „liberal dream" Fourcade und Healy (2007, S. 286).

© Der/die Autor(en), exklusiv lizenziert durch Springer Fachmedien Wiesbaden GmbH, ein Teil von Springer Nature 2021
P. Degens und L. Lapschieß, *Zivilgesellschaftliches Wirtschaften*, essentials, https://doi.org/10.1007/978-3-658-36063-4_3

prozedurale Elemente von Bedeutung, also „Verfahren, mit denen Einzelinteressen zusammengebracht und durch vernünftige Einsicht ein fairer pluralistischer Ausgleich erzielt wird" (Messner & Scholz, 2018, S. 564). Das heißt: Was das Gemeinwohl ist, wird innerhalb eines normativen Rahmens ausgehandelt (dieser Rahmen enthält Mindeststandards wie etwa die Achtung der Menschenrechte, vgl. Blum, 2013). Einen Ansatz für einen solchen Rahmen liefert der Capability Approach nach Amartya Sen (1999) und Martha Nussbaum (2000). Gemeinwohlorientierung lässt sich dann als Hebung von Capabilities bzw. Verwirklichungschancen sehen: Dazu gehört, individuelle oder kollektive Freiheiten, Zustände und Tätigkeiten verwirklichen zu können, die begründeterweise als wertvoll erachtet werden (Bonvin, 2018; Degens, 2018b).

Oftmals wird der Staat als der für das Gemeinwohl maßgebliche Akteur gedacht. Doch so wie die Allgemeingültigkeit eines einzelnen, a priori gegebenen Gemeinwohlbegriffs zurückgewiesen werden muss, ist auch „die Selbstverständlichkeit des nationalstaatlichen Bezugsrahmens hinfällig" (Offe, 2002, S. 66). Eine Gleichsetzung des Staates als diejenige Instanz, die für das Gemeinwohl sorgt und es im Blick hat, scheitert gleich von zwei Seiten: erstens können nichtstaatliche Akteur:innen ebenfalls gemeinwohlorientiert handeln und zum Gemeinwohl beitragen, zweitens kann der Staat Partikularinteressen gegen das Gemeinwohl durchsetzen. Damit richtet sich der Blick auf die Öffentlichkeiten, in denen Gemeinwohlbelange ausgehandelt und abgewogen werden. Öffentlichkeiten lassen sich im Anschluss an den Pragmatisten John Dewey (1996) als diejenigen Orte verstehen, in denen Lösungen für Probleme gemeinsam und demokratisch ermittelt werden. Öffentlichkeit entsteht für Dewey dann, wenn Dritte durch Interaktionen anderer betroffen sind, wenn Handlungsfolgen also nicht nur die Handelnden, sondern auch Unbeteiligte betreffen und dies in Aushandlungsprozessen als problematisch wahrgenommen und definiert wird. Öffentlichkeiten bilden sich also, wenn nichtintendierte Konsequenzen spezifischer Handlungen ein Ausmaß erreichen, dass die Betroffenen gemeinsames politisches Handeln als nötig erachten (Fladvad, 2021). Dabei geht es Dewey nicht um egoistische Aushandlung von Interessen, sondern um eine „kommunikativ vermittelte, kollektive Selbstverwaltung als Prinzip sozialer Ordnung" (Adloff, 2005a, S. 48; dort im Anschluss an Joas, 2001, S. 617).

Vorstellungen von Gemeinwohl wandeln sich und sind immer Gegenstand politischer Debatten (um dieser politischen Natur gerecht zu werden, bevorzugt Thiemeyer (1970b, S. 75), von öffentlichen Aufgaben statt von Gemeinwohl zu sprechen). Die Zivilgesellschaft lässt sich damit in Deweys und Habermas'scher (1993) Tradition als Sphäre der Aushandlung über die Ausgestaltung des Gemeinwohls begreifen. Wichtig erscheint aus demokratietheoretischer Perspektive, dass alle Betroffenen in die Aushandlung und Entscheidungsfindung einbezogen werden. Hiermit ist Offes oben erwähnte Frage nach den beteiligten Akteur:innen und verwendeten Verfahren angesprochen, welche zur Entscheidung über das, was als gemeinwohlrelevant gilt und wie das Gemeinwohl zu verwirklichen ist, herangezogen werden.

Diese demokratische Dimension der Zivilgesellschaft lässt sich nicht nur für die Gesellschaft insgesamt betrachten, sondern auch auf die Ausgestaltung zivilgesellschaftlicher Organisationen im Einzelnen übertragen. Mit Blick auf die Sphäre der Öffentlichkeit lässt sich zum einen fragen, welche Interessengruppen Mitspracherecht bei der Gestaltung und Zielformulierung der jeweiligen Organisation haben (organisationsinterne Dimension). Zum anderen kann untersucht werden, inwieweit gemeinschaftliches, demokratisches, zivilgesellschaftliches Handeln selbst als Verfahrenselement auf der Suche nach alternativen Zukunftsentwürfen und damit nach dem Gemeinwohl fungiert (organisationsexterne Dimension). Schließlich lassen sich Versuche, wirtschaftlichen und sozialen Wandel präfigurativ in Experimentierräumen der realen Utopien (Wright, 2017) oder Reallabore (Schneidewind, 2014) anzuregen, als Verfahren der Bestimmung des Gemeinwohls deuten. In diesen Experimentierräumen treten Praktiken und Handlungen an die Seite einer rein sprachlich-diskursiven Erörterung, auf welche Weise welches Gemeinwohl erreicht werden soll. Aus demokratietheoretischer Perspektive lässt sich hier erneut auf Dewey verweisen, mit dem das Entstehen von Öffentlichkeiten als kollektiv-kooperative Praxis in den Fokus rückt, während eine Habermas'sche Perspektive auf Diskursebene verbleibt. Dewey konzipiert das Ideal einer demokratischen Gesellschaft, bei der soziale Kooperation nicht „auf die im engeren Sinne staatliche Sphäre" beschränkt ist (Selk & Jörke, 2012, S. 276). Vielmehr müssen sich nach Deweys Ideal „die kooperativen Interaktionsformen auf die gesamte Gesellschaft beziehen" (Selk & Jörke, 2012, S. 276), um diese möglichst weitreichend mit demokratischen Praktiken zu durchdringen. Axel Honneth betont unter Rückgriff auf Dewey, welchen Stellenwert solch einer „experimentellen Erkundung geeigneter Lösungen für allgemein als problematisch empfundene Situationen" (2017, S. 99) zukommt, wenn sich demokratische Gemeinschaften dieser annehmen. Eine Funktion der Zivilgesellschaft ist es dann, auf Mitspracherechte aller Betroffenen hinzuwirken sowie auf die effektive Möglichkeit, diese Rechte wahrzunehmen. Die Zivilgesellschaft nimmt eine Suchfunktion ein. Für die Ebene zivilgesellschaftlicher Organisationen bedeutet dies, die subjektive Bestimmung des Gemeinwohls durch die jeweilige Organisation anzuerkennen (Strachwitz et al., 2020, S. 176 ff.; Engel, 2001). Es geht daher um jeweils spezifische Imaginationen von Gemeinwesen und Gemeinwohlbelange.

Diese subjektiven Bestimmungen können eng oder weit gefasst sein. Ein weiter Gemeinwohlbegriff kann sich zum Beispiel auch auf künftige Generationen und/oder die Umwelt und Natur beziehen und Fragen des Klimawandels oder der Biodiversität berücksichtigen. Es stellt sich dann die Frage, mittels welcher Institutionen und Verfahren die Interessen künftiger Generationen auf globaler Ebene berücksichtigt werden können (Messner & Scholz, 2018).[2] Ein enger Gemeinwohlbegriff mag hingegen bestimmte Menschen zu einer bestimmten Zeit in einer lokalen Gemeinschaft umfassen. Eine ausgrenzende, partikularistische Vorstellung des Gemeinwohls – welches etwa ausschließlich Angehörige einer bestimmten Ethnie berücksichtigt – steht allerdings im Widerspruch zu grundlegenden zivilgesellschaftlichen Werten und zum Öffentlichkeitsverständnis im Anschluss an Dewey. Es ist dann im Einzelfall zu prüfen, inwieweit der subjektive Gemeinwohlbegriff sich mit dem Komplex zivilgesellschaftlicher Werte (s. Kap. 4) verträgt.

Abschließend sei mit Blick auf das Gemeinwohl auf eine Unterscheidung von Zielen und Wirkungen eingegangen. Das Gemeinwohl kann etwa Bestandteil der Zielfunktion von zivilgesellschaftlichen Initiativen und Organisationen sein, wenn diese beispielsweise unmittelbar zum Ziel haben, benachteiligte Gruppen zu fördern. Gemeinwohlförderlich sind diese dann, wenn sie ihre Ziele erfolgreich (und ohne überschattende negative Externalitäten) umsetzen. Jedoch kann es auch zu nicht unmittelbaren, indirekten Wirkungen auf das Gemeinwohl kommen. Eine Selbsthilfegruppe etwa, die als Ziel ausschließlich die Förderung ihrer Mitglieder begreift, kann dann als gemeinwohlförderlich bezeichnet werden, wenn die Belange der Mitglieder diskursiv als gemeinwohlrelevant angesehen werden (Thiemeyer, 1970a, b; Schulz-Nieswandt, 2015, S. 468). Eine solche nichtintendierte, aber funktionale Gemeinwohlorientierung lässt sich mit Verweis auf die politisch-gesellschaftliche Diskursivität des Gemeinwohls als Teil von Zivilgesellschaftlichkeit auffassen, auch wenn die Ziele des Handels nicht unmittelbar auf das Gemeinwohl, sondern auf das Wohl der Handelnden gerichtet sind.

---

[2] Gleiches gilt für die Frage der Berücksichtigung nichtmenschlicher Entitäten. Meist wird das Gemeinwohl wie selbstverständlich als Wohl spezifischer politischer Einheiten, die Zusammenschlüsse von Menschen sind, verstanden. Wir übergehen an dieser Stelle die jüngeren Debatten um politische Rechte für nichtmenschliche Tiere (Ladwig 2020). Es sei lediglich darauf hingewiesen, dass eine Anerkennung von Eigenrechten der Natur (Adloff und Busse 2021) entweder eine immense Ausweitung oder aber eine Hinterfragung des Gemeinwohlbegriffs zur Folge haben würde.

Werte und Wirken der Zivilgesellschaft 4

Der Begriff der Zivilgesellschaft wird in der Literatur nicht einheitlich verwendet, unterliegt einem Wandel und umfasst verschiedene Dimensionen (Jensen, 2006; Strachwitz et al., 2020, S. 3 ff.). In diesem Kapitel geben wir einen Überblick über die konstitutiven Merkmale des Begriffs, die zu seinem Verständnis als wissenschaftlicher Untersuchungsgegenstand und Diskurs relevant sind. Als Grundvoraussetzung zur Entstehung von Zivilgesellschaft bildete sich bereits zu Zeiten der Aufklärung „eine eigenständige Sphäre der Öffentlichkeit und öffentlichen Meinung" (Adloff, 2005b, S. 71), die eine vorsichtige bürgerliche Abgrenzung vom Staat markierte. Ansgar Klein betont, dass sich der zur selben Zeit neu entstandene Individualismus „als maßgebendes Prinzip sozialer Beziehungen" etablierte und „der freie Zusammenschluss in Vereinen, Assoziationen und Gesellschaften" (2019, S. 83) die prägenden Organisationsformen dieser bürgerlichen Gesellschaft wurden. Diese „sich selbst organisierende Freiwilligkeit der Bürger" (Kocka, 2000, S. 15) richtete sich vor allem gegen den absolutistischen Staat und verfolgte Ziele der bürgerlichen Mündigkeit und Volkssouveränität, durch die eine an rationalen und säkularen Prinzipien orientierte Staatsordnung erreicht werden sollte (Klein, 2019, S. 84). Hierin liegt bereits die zentrale Utopie der bürgerschaftlichen Selbstorganisation, die auf den Prinzipen „der Gleichheit der Individuen", „der Freiwilligkeit" und der demokratisch-partizipativen „Entscheidungsfindung durch Diskussion und Abstimmung" beruht (Adloff, 2005b, S. 86).

Für den seit Beginn der 2000er Jahre geführten Diskurs um den Begriff der Zivilgesellschaft besitzen einige bereits in der Aufklärung formulierten normativen Orientierungen weiterhin Geltung und werden zunehmend um kapitalismuskritische Perspektiven ergänzt, die sowohl „Kritik an radikalisierten Marktbeziehungen" üben, als auch als „Ermöglicher ziviler Austauschformen"

P. Degens und L. Lapschieß, *Zivilgesellschaftliches Wirtschaften*, essentials, https://doi.org/10.1007/978-3-658-36063-4_4

(Adloff et al., 2016, S. 14) gelten. Der Historiker Konrad Sziedat zeichnet jüngst die Konjunktur des Begriffs in den 1980er und 1990er Jahren nach. Zivilgesellschaft wird seit den 1990er Jahren als wissenschaftliche Kategorie meist auf die Umbrüche in Osteuropa bzw. im Ostblock zurückgeführt (Sziedat, 2020, S. 196). Bereits zehn Jahre zuvor gewann der Begriff in einem Wechselspiel zwischen westeuropäischen Intellektuellen und osteuropäischen Dissident:innen an Bedeutung (Sziedat, 2020, S. 197). Mit der Zivilgesellschaft wurde zum einen die Autonomie gegenüber dem Staat bezeichnet, zum anderen aber auch die Autonomie gegenüber dem kapitalistischen Wirtschaftssystem (Sziedat, 2020, S. 201), sodass die Zivilgesellschaft durchaus auch als charakteristisch für eine künftige sozialistische und demokratische Gesellschaft gesehen werden konnte. Es handelt sich also um einen historischen Pluralismus von Bedeutungen des Begriffs (ausführlich: Klein, 2001). Jedenfalls setzte er sich als Neologismus im Deutschen auch deshalb anstelle des älteren und davon abweichenden Begriffs der bürgerlichen Gesellschaft durch, weil er sich vom Kapitalismus entkoppeln ließ (Sziedat, 2020, S. 203, 223).

In diesem Zusammenhang sei auch auf die in der deutschen Sprache wichtige Unterscheidung zwischen bürgerlicher und bürger*schaft*licher Gesellschaft hingewiesen: Der Begriff der bürgerlichen Gesellschaft (auch Bürgergesellschaft) kam im Zuge der Aufklärung als Vorläufer des Zivilgesellschaftsbegriffs auf, um die Abgrenzung zwischen Staat und Bürger:innen zu markieren. Nach dieser Definition konstituiert sich die bürgerliche Gesellschaft „durch die Prinzipien von Eigentum, Markt und Kapital" (Klein, 2019, S. 83). Bürgerlich war, wer dem Bürgertum angehörte und somit über einen gewissen ökonomischen Status und Bildungsgrad verfügte. Das Bürgertum bildete eine Öffentlichkeit und Möglichkeiten, sich in Assoziationen und Vereinen zusammenzuschließen, zu denen jedoch die unteren Gesellschaftsklassen keinen Zugang hatten. Im 19. Jahrhundert wurde diese Form der bürgerlichen Gesellschaft aus kapitalismuskritischer, insbesondere marxistischer Perspektive zunehmend negativ konnotiert und synonym mit dem Begriff *Bourgeoisie* verwendet (vgl. Klein, 2019, S. 84 f.). Während bürgerliche Akteur:innen „auf den Status eines Wirtschaftssubjekts reduziert" (Klein, 2001, S. 273) werden, verweist Bürgerschaftlichkeit, laut Herfried Münkler, auf spezifische Qualifikationen und Tugenden, die zur „Partizipations*fähigkeit* und Partizipations*bereitschaft*" (1997, S. 155, Hervorhebung im Original) beitragen, die es braucht, um sich aktiv für die Mehrung des Gemeinwohls zu engagieren (auch Münkler & Krause, 2001, S. 317).

Einen weiteren zentralen Ausgangspunkt des aktuellen Diskurses bildet Habermas' Zivilgesellschaftsverständnis, in dem sich auch die Diskussion um sektorale Abgrenzung eines zivilgesellschaftlichen Bereichs formierte, hier in Form einer

„sich selbst organisierende[n] Öffentlichkeit zwischen kapitalistischen Märkten und bürokratischem Staatsapparat als Ort demokratischer Selbstverwirklichung" (Kocka, 2000, S. 19). In diesem Verständnis von Zivilgesellschaft sind bereits die wichtigsten Konstitutionsmerkmale enthalten: Öffentlichkeit mit Meinungsfreiheit, Toleranz, bürgerschaftliche Selbstorganisation sowie demokratische Verfahrensweisen (Klein, 2019, S. 89; Birsl et al., 2005, S. 8). Die bürgerschaftliche Selbstorganisation impliziert die Unterscheidung der Zivilgesellschaft von Staat, Wirtschaft und der Privatsphäre, setzt aber auch die Bereitschaft zu Freiwilligkeit oder freiwilligem Engagement als weiteres Konstitutionsmerkmal voraus, das einer spezifischen sich selbst regulierenden Anreizstruktur unterliegt. Keane verweist in diesem Zusammenhang auf die Notwendigkeit eines „gemeinsamen Ethos" (Keane, 2005, S. 28), das die geteilten Rahmenbedingungen schaffe, innerhalb derer Zivilgesellschaft stattfinden kann. Dieses Ethos kann auch als das *Zivile* oder die *Zivilität* bezeichnet werden, sie kennzeichnet „einen Prozess der Verständigung auf bestimmte Werte und Tugenden und institutionalisiert Formen ihrer Sicherung" (Evers, 2019, S. 16). Des Weiteren stellen die Werte Gerechtigkeit und Solidarität wesentliche Bezugspunkte der Zivilgesellschaft dar, die entgegen der Handlungsprinzipien einer nach Gewinn strebenden Wirtschaft und eines an Machtausübung orientierten Staates wirken und so die Zivilgesellschaft als eigene „ausdifferenzierte Sphäre der Solidarität" (Adloff, 2005b, S. 89; ausführlich Alexander, 2006) in modernen Gesellschaften bilden.

In der Literatur gibt es keinen Konsens über eine erschöpfende Liste der zivilgesellschaftlichen Werte. Es lässt sich aber ein Kern ausmachen: Zunächst kann Zivilgesellschaft als öffentlicher Debattenraum für die „gute Gesellschaft" gesehen werden, wobei dieser „Menschen- und Bürgerrechte, Herrschaft des Rechts, Demokratie und kulturelle Vielfalt" (Klein, 2019, S. 91) weitestgehend voraussetzt, damit „Zivilität, Gemein- oder Bürgersinn" (Adloff, 2018a, S. 237), gewaltfreie Konfliktlösung, Toleranz, Pluralität, Anerkennung von Differenzen (Kocka, 2004, S. 33), sowie Vertrauen (Walk, 2019, S. 128; Kocka, 2004, S. 39) für ein konviviales Miteinander[1] produziert und reproduziert werden können. Darüber hinaus wird der Zivilgesellschaft zugesprochen, gemeinwohlorientiert bzw. -steigernd zu sein (Kocka, 2000, S. 21) und Reziprozität (Geben, Annehmen und Erwidern) sowie Solidarität zu erzeugen (Adloff, 2018a, S. 235 ff.), wobei die

[1] Der Konvivialismus (con-vivere, lat.: zusammenleben) fordert auf, „eine neue Philosophie und praktische Formen des friedlichen Miteinanders zu entwickeln" (Adloff, 2014, S. 9), um eine Gesellschaft zu erschaffen, die eigennutzorientiertes Handeln und maßloses ökonomisches Wachstum als Kennzahl des Wohlstandes ablöst und die Achtung der „Qualität sozialer Beziehungen und der Beziehung zur Natur" (Adloff, 2014, S. 9) zum zentralen Gegenstand des guten Lebens macht.

Solidarität als Form gemeinsamer Vorleistungen und freiwilliger, offener Kooperationen verstanden werden kann. Diese Aufzählung verweist auf einen normativ aufgeladenen Begriff der Zivilgesellschaft, der sich letztlich an einem utopischen Ideal ausrichtet. Ein solcher, normativer Begriff stößt in analytischer Sicht jedoch an Grenzen. Denn es existieren ebenso Gruppierungen einer „bad civil society" (Chambers & Kopstein, 2001), deren Zielvorstellungen nicht auf Toleranz und Pluralität, sondern etwa auf Intoleranz und Exklusivität basieren. Standardbeispiele einer solchen "bad civil society" sind rechtsextreme Kameradschaften und andere rassistische oder antisemitische Vereinigungen (Roth, 2004; Berman, 1997). Wir kommen später (Kap. 5) auf die unterschiedlichen normativen und deskriptiven Verwendungen des Zivilgesellschaftsbegriffes als gesellschaftlicher Teilbereich, als Handlungsweise und als utopisches Projekt zurück. Bereits an dieser Stelle wird jedoch klar, dass im Begriff Zustandsbeschreibungen, normative Wertungen und Zukunftsentwürfe verschmelzen (Adloff, 2005b). Mit Edwards (2008) lassen sich beispielsweise drei Stränge der Zivilgesellschaftskonzeptionen identifizieren: Zivilgesellschaft kann erstens als Teil oder *Bereich der Gesellschaft* verstanden werden (Civil Society as Associational Life), welcher typischerweise jenseits von Markt und Staat in Vereinigungen, Verbänden und Vereinen organisiert ist; zweitens als *Art der Gesellschaft* (Civil Society as Good Society), womit der Zivilgesellschaft inhärente Normen wie Zivilität, Toleranz, Gewaltfreiheit, Vertrauen, Kooperation, Freiheit oder Demokratie zugesprochen sind. Zudem kann Zivilgesellschaft drittens als *Öffentlichkeit* verstanden werden (Civil Society as Public Sphere), in welcher es um öffentliche, demokratisch-deliberative und konsensorientierte Aushandlung des Gemeinwohls geht.

Die Wirkungen der Zivilgesellschaft auf der Mikro-, Meso- und Makroebene können unmittelbar oder indirekt, intendiert oder nicht intendiert sein und positive wie negative Externalitäten sowie Widersprüche und Konfliktpotenzial beinhalten. Im auf Tocqueville (2014) zurückgehenden Diskurs wird die Zivilgesellschaft mit ihren freiwilligen Assoziationen als Keimzelle der Demokratie verstanden, in welchen das auch für einen gesamtgesellschaftlichen Zusammenhalt notwendige Sozialkapital generiert wird (Putnam, 1994, 2001). Klein etwa betrachtet (bei definitorischem Ausschluss der „bad civil society") die zivilgesellschaftlichen Assoziationen des freiwilligen Engagements als „erfahrungs- und handlungsbezogene Lernorte, in denen aktive Bürgerinnen und Bürger prodemokratische Haltungen und Werte auch im Umgang mit Konflikten erlernen können" (2019, S. 91) und die so eingeübten zivilen Praktiken in weitere Bereiche der Gesellschaft transferiert werden können. Konzepte der Präfiguration (Monticelli, 2018) oder der realen Utopien (Wright, 2017) verweisen darüber hinaus darauf, dass zivilgesellschaftliche Initiativen und Organisationen als Experimentierfelder fungieren können, eine als besser empfundene Welt – im Kleinen – bereits unter gegenwärtigen Bedingungen zu verwirklichen – darüber hinaus aber auch Schritte zu einer breiteren Transformation zu ermöglichen.

Konkrete Wirkungen der Zivilgesellschaft sind beispielsweise die Verbesserung von Lebenslagen und Verwirklichungschancen durch bedarfsgerechte gemeinsame Selbsthilfe (oder Hilfe zugunsten Dritter), etwa Produktion von Gütern oder Dienstleistungen sowie Vergemeinschaftung, die Stiftung von Sozialität und die Erhöhung von Sozialkapital. Somit können Versorgungslücken des Wohlfahrtsstaates gemildert werden, da ehrenamtliches Engagement die Erbringung von Leistungen ermöglicht, die über Markt oder Staat nicht (oder ineffizienter) angeboten werden (Priemer et al., 2019, S. 47 ff.). Andererseits lässt sich das sozialpolitische Anliegen des Auf- und Ausbaus des Dritten Sektors bei gleichzeitigem Rückzug des Staates auch als ein Schritt der Kommodifizierung der Wohlfahrtsproduktion bezeichnen (Alexander, 2010; van Dyk, 2019). Die „Beschwörung der Civil Society", die der Philosoph Charles Taylor (2001) diagnostiziert, kann somit sowohl in Form der Anerkennung eigenständiger Qualitäten der Zusammenschlüsse freier Bürger:innen als auch in Form der Abwälzung öffentlicher Aufgaben auf sich engagierende Bürger:innen auftreten.

Die Zivilgesellschaft kann als Initiatorin sozialen Wandels betrachtet werden, wie die klassischen Beispiele der alten und neuen sozialen Bewegungen zeigen. Emanzipatorische Leistungen wie etwa Gleichberechtigung, die soziale Teilhabe und Absicherung sowie die fortschreitende Anerkennung unterschiedlicher Lebensformen sind durch die Zivilgesellschaft errungen worden.[2] Konkret im wirtschaftlichen Feld kann sie beispielsweise durch Protest auf Unternehmen einwirken (und damit eine Kontroll- oder Wachfunktion übernehmen) oder selbst eine Vorreiterrolle einnehmen, durch die in Reallaboren z. B. Fairer Handel, ökologische Landwirtschaft oder allgemeine Tendenzen zur „Moralisierung der Märkte" (Stehr, 2007) vorangetrieben werden (vgl. Abschn. 5.3). So kann sie über

---

[2] Mit dem Begriff der Zivilgesellschaft lassen sich jedoch längst nicht alle Formen der freiwilligen Kooperationen, die in einer Gesellschaft erbracht werden, abbilden. Dies zeigt sich etwa, wenn weiblich konnotierte, häufig im Haushalt getätigte, nichtprofitorientierte ökonomische Leistungen zum Wohle Anderer (Care Arbeit) bereits definitorisch nicht als zivilgesellschaftlich begriffen werden, da diese „informelle[n] Unterstützungsleistungen nicht öffentlich, sondern im privaten Raum erbracht werden" (Vogel & Tesch-Römer, 2017, S. 255). Diese Leistungen finden im sozialen Nahraum persönlicher Beziehungen statt, der jedoch außerhalb der familiären Gemeinschaft liegt. Dass sie oftmals übersehen werden, liegt zum Teil daran, dass sie meist nicht formalisiert sind.

Gegenangebote und zertifizierte Produktionsweisen Druck auf marktwirtschaftliche Unternehmen in Richtung eines Wertewandels hin zu Gemeinwohlbilanzen, Postwachstum, Nachhaltigkeit etc. ausüben. Wirtschaftende zivilgesellschaftliche Organisationen können eine Vorreiterrolle einnehmen und im Sinne von Albert Hirschmans „Exit, Voice and Loyalty"-Konzept das Abwandern von Kund:innen marktwirtschaftlicher Unternehmen bewirken, deren Wirtschaftsweise als weniger unterstützenswert angesehen wird (Hirschman, 1970, S. 22 ff.).

Drei Dimensionen des Zivilgesellschaftsdiskurses

5

Wie bisher gesehen, umfasst der Diskurs über die Zivilgesellschaft mehrere Definitionsansätze, die jeweils unterschiedliche Akzentuierungen setzen. Die grundlegenden Fragen, die in dieser Debatte aufgeworfen werden, handeln einerseits vom Verhältnis der Zivilgesellschaft zum Staat bzw. den reformerischen Potenzialen, die aus der Zivilgesellschaft heraus auf die Politik einwirken können. Andererseits setzen sie sich mit der Beziehung der Zivilgesellschaft zur Wirtschaft und deren Verschränkung in Verbänden oder Stiftungen auseinander (Birsl et al., 2005). Häufig behandelt der Diskurs auch genau diese Verflechtungen von Staat, Wirtschaft und Zivilgesellschaft, wobei besonders die Grenzziehung zwischen den einzelnen gesellschaftlichen Bereichen zum Gegenstand der Betrachtungen wird und nach analytischen Definitionskriterien der Zivilgesellschaft gefragt wird. In seiner Analyse der Zivilgesellschaft in historischer Perspektive liefert der Historiker Jürgen Kocka eine einflussreiche Unterscheidung dreier analytischer Perspektiven, anhand derer allgemeine Definitionsweisen des Begriffsdiskurses unterschieden werden können. Diese dienen uns als Ausgangspunkt der Identifikation eines eigenständigen Begriffes *zivilgesellschaftlichen Wirtschaftens* (vgl. Kap. 6). Kocka begreift Zivilgesellschaft erstens „als Bereich zwischen Wirtschaft, Staat und Privatsphäre", zweitens als einen spezifischen „Typus sozialen Handelns" sowie drittens „als Kern eines Entwurfs oder Projekts mit immer noch utopischen Zügen" (2004, S. 32).

In den folgenden drei Unterkapiteln werden die von Kocka unterschiedenen Analyseperspektiven, Zivilgesellschaft als Bereich oder Sektor (Abschn. 5.1), als spezifische Handlungslogik (Abschn. 5.2) sowie als utopisches Projekt (Abschn. 5.3) dargelegt und jeweils mit Blick auf den Charakter zivilgesellschaftlichen Wirtschaftens diskutiert. Ziel ist es dabei auch, die Unschärfen bzw.

© Der/die Autor(en), exklusiv lizenziert durch Springer Fachmedien
Wiesbaden GmbH, ein Teil von Springer Nature 2021
P. Degens und L. Lapschieß, *Zivilgesellschaftliches Wirtschaften*, essentials,
https://doi.org/10.1007/978-3-658-36063-4_5

Überlappungen der Perspektiven aufzuzeigen und anhand dessen die Unterscheidung eines Begriffs vom zivilgesellschaftlichen Wirtschaften im weiteren und engeren Sinne auszuformulieren.

5.1 Zivilgesellschaft als spezifischer Sektor

Die Konzeptualisierung der Zivilgesellschaft als spezifischen Sektor der Gesellschaft ist seit Ende der 1980er Jahre unter den Synonymen Third Sector oder Non-Profit-Sector im internationalen Diskurs ein populäres Modell. Eine Betrachtung von Zivilgesellschaft in analytisch-deskriptiver Perspektive als ein gesellschaftlicher Bereich zwischen Wirtschaft, Staat und Privatheit lenkt den Blick auf die Organisationen dieses spezifischen Sektors (Evers & Laville, 2005; Powell, 2020; Zimmer & Priller, 2005). Die Literatur zu diesem Dritten Sektor oder Non-Profit-Sektor ist reichhaltig und weist verschiedene, teils konfligierende Schwerpunktsetzungen auf. Gemein ist den Ansätzen aber, dass Zivilgesellschaft oft mit den formalen Organisationen dieses Sektors gleichgesetzt wird (Krimmer, 2019). Sie machen in dieser Sicht den gesellschaftlichen, intermediären Ort aus, der den Welfare Mix (vgl. Kap. 2) vertritt. Die Begriffe dienen dazu, die formalisierte Zivilgesellschaft in ihrer Vielfalt begrifflich zu beschreiben (Lechterman & Reich, 2020, S. 172; Simsa, 2013, S. 126). Eine grundlegende Definition des Modells vom Dritten Sektor besagt, „that it is not part of the government, any profits are usually reinvested for social, environmental or cultural aims, and participation is largely voluntary" (Alexander, 2010, S. 213). Begünstigte von Organisationen des Dritten Sektors sind somit nicht Investor:innen, sondern andere Akteur:innen, nämlich entweder Dritte bzw. das „public benefit" im Fall von Stiftungen oder Non-Profit-Organisationen (NPOs), oder – im Fall von mutualistischen Organisationen – die Träger:innen selbst (Gui, 1991, S. 567 f.).

Zu den typischen Organisationen, die dem Dritten Sektor zugerechnet werden, zählen Vereine, Selbsthilfegruppen, Stiftungen, Verbände, Genossenschaften und Nichtregierungsorganisation, die sich vor allem durch ihre freiwillige Selbstorganisation auszeichnen. Dieses Spektrum reicht von „lose bzw. informell gestalteten Initiativen [...] [bis] zu hochformalisierten Organisationen" (Priemer et al., 2019, S. 8). Der Dritte Sektor ist polymorph, beinhaltet also eine „betriebliche Gebildevielfalt" (Schulz-Nieswandt, 2008, S. 328) und die ihm zugerechneten Organisationen unterscheiden sich in ihren konkreten Zielen und Zwecken.

Einen einflussreichen Vorschlag zur Klassifizierung des Dritten Sektors legt Pestoff (1992) vor, der den Welfare Mix als Dreieck mit den Polen Staat,

Markt und Gemeinschaft mit ihnen jeweils zugeordneten öffentlichen Bedarfsträgern, privaten Firmen sowie Haushalten und Familien abbildet (vgl. Abb. 5.1). Im Gegensatz zu den ersten, namensgebenden Dritt-Sektor-Modellen bezieht Pestoff also auch die private Sphäre der Familie bzw. Gemeinschaft mit ein. Der Dritte Sektor mit seinen Vereinen, Non-Profit-Organisationen, freiwilligen Verbindungen, Genossenschaften usw. liegt zwischen den Polen (Degens, 2018a, S. 161 ff.).

Anhand des Schaubildes lassen sich auch die regelmäßig anzutreffenden intermediären Organisationsformen an den jeweils schraffierten Grenzüberschneidungen ablesen, zu denen beispielsweise Public-Private Partnerships gezählt werden. Die Abgrenzungen der Sektoren bestimmen Pestoff (1992) und darauf aufbauend Evers und Laville (2005) vor allem durch drei dichotome Unterscheidungen: formell versus informell (Staat sowie Markt auf der einen, Gemeinschaft

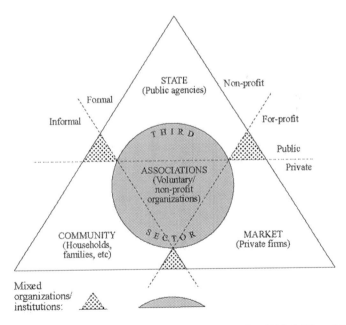

Abb. 5.1 Struktur des Dritten Sektors. (Quelle: Evers & Laville, 2005, S. 30, nach Pestoff, 1992)

auf der anderen Seite), Non-Profit versus For-Profit (Gemeinschaft und Staat stehen dem Markt gegenüber) und öffentlich versus privat (wodurch sich der Staat von Gemeinschaft und Markt unterscheidet).[1]

Die konkrete Konzeptualisierung des Dritten Sektors ist also ein diverses und umkämpftes Terrain. So werden verschiedene Abgrenzungskriterien für Organisationen des Dritten Sektors vorgeschlagen und verwendet, etwa anhand von Einkommensquelle (z. B. Beiträge, Spenden, hingegen nicht Markterlöse oder öffentliche Finanzierung), Überschussverwendung (z. B. Verbot der Gewinnausschüttung als definitorisches Merkmal von Non-Profit-Organisationen), Gemeinnützigkeit (definiert über Steuerrecht), Rechtsform (Verein und Verband), Zielsetzungen oder Werte (Salomon & Sokolowski, 2016; Evers & Laville, 2005; Salamon et al., 2003; Laville, 2016). Salamon und Sokolowski (2016, S. 1533) nennen Privatheit (d. h., es handelt sich um nichtstaatliche Organisationen), Selbstverwaltung, Freiwilligkeit sowie, ganz in der Tradition der NPO-Forschung, das Verbot (oder zumindest die strikte Begrenzung) der Gewinnausschüttung als Kriterien.[2] Rechtsvergleichend zeigt sich gerade dieses Gewinnausschüttungsverbot als weit verbreitetes Kriterium für NPOs (von Hippel & Walz, 2007, S. 129 f.; definitorisch bereits Salamon & Anheier, 1999, S. 3 f.). Hier findet sich eine wichtige Differenz des US-amerikanischen zum kontinentaleuropäischen Diskurs. Während in ersterem das Gewinnausschüttungsverbot als maßgebliches Kriterium gilt, fragt letzterer nicht nach einer binären Unterscheidung zwischen For-Profit- und Non-Profit-Organisationen. Entscheidend ist vielmehr, wie Gewinne verteilt werden, dass ausgeschüttete Gewinne den Mitgliedern zugutekommen und nicht einzelnen Investor:innen ausgezahlt werden (bereits Thiemeyer, 1970a,

---

[1] Einen ähnlichen Ansatz verwendet Schulz-Nieswandt, der den Sektoren Markt, Staat und Familie drei Formen der Reziprozität zuweist: in der Familie sieht er die „solidarfähige generalisierte Reziprozität" als dominantes Steuerungsprinzip, im Markt eine „tauschorientierte balancierte Reziprozität" und im Staat die „herrschaftlich organisierte (sowohl regulativ als auch redistributiv orientierte) Reziprozität" (2008, S. 326). In der oben angerissenen Terminologie Polanyis lassen sich diese Steuerungsprinzipien als Reziprozität, Markttausch und Redistribution bezeichnen (Degens, 2018a, S. 162).

[2] Ähnlich Strachwitz et al. (2020, S. 165), welche als Merkmale (hierarchischer wie heterarchischer) zivilgesellschaftlicher Organisationen nennen:

- Kollektive Akteur:innen (nicht aber notwendigerweise juristische Personen).
- Subjektiv dem Gemeinwohl dienend.
- Freiwillig zustande gekommen und freiwillige Zugehörigkeit.
- Selbstverwaltung.
- Keine Ausschüttung der Überschüsse.
- Keine Ausübung staatlich-hoheitlicher Tätigkeiten.

S. 24 f.). Es wird demgegenüber „viel stärker die Differenz zwischen der privaten Aneignung von Profit und einer gemeinschaftlichen und demokratischen
Aneignung von Gewinnen" betont (Adloff et al., 2016, S. 16). Dieses Verständnis des Dritten Sektors fasst somit auch Organisationen „that aim to meet
the social and financial needs of their members" (Alexander, 2010, S. 214).
Eine Generalisierung dieses Merkmals des Gewinnausschüttungsverbots wird der
organisatorischen Vielfalt des Dritten Sektors demnach nicht gerecht. Denn es
würde mutualistische und genossenschaftliche Organisationen und damit einen
großen Teil der sozialen und solidarischen Ökonomie aus der Zivilgesellschaftlichkeit ausschließen (Defourny et al., 2016). Es lässt sich aber argumentieren,
dass innerhalb dieses Geflechts gerade Genossenschaften (im sozioökonomischen,
nicht im rechtlichen Sinne) betriebsmorphologisch eine besondere Form ausmachen (Zimmer & Priller, 2019; Zimmer, 2009; bereits Pestoff, 1992), insofern
sie mit der demokratischen Entscheidungsfindung ein politisches Kernmerkmal
von Zivilgesellschaftlichkeit auch innerhalb wirtschaftlicher Organisationsformen
institutionalisieren (Novkovic & Golja, 2015). Zudem unterscheiden sich Aus-
schüttungen von Überschüssen an Mitglieder etwa in Form von Rückvergütungen
fundamental von Dividenden auf eingesetztes Kapital, da sie nicht als Rendite,
sondern als Preisnachlass auf in Anspruch genommene Leistungen fungieren.

Pestoff und Hulgård (2016) sehen in der Tradition der europäischen Diskurse um Gemeinwirtschaft und die soziale und solidarische Ökonomie gerade in
der partizipativen Governance ein Kernmerkmal sogenannter Sozialunternehmen.
Solchen demokratischen Unternehmensformen stehen hierarchische gegenüber,
wofür Stiftungen und die Philanthropie als paradigmatisch gelten und oft als
wichtiger Bereich der wirtschaftenden Zivilgesellschaft genannt werden (Strachwitz et al., 2020). Stiftungen sind in der Regel nicht demokratisch verfasst
und ihr Zweck ist dem Willen meist einzelner Stifter:innen entnommen. Rob
Reich übt in einer umfassenden Untersuchung scharfe Kritik am gegenwärtigen Stiftungswesen (insbesondere dem der USA) und zeigt auf, dass es sich
dabei nicht bloß um großzügige Geber:innen handelt, sondern die Steuervorteile
und Einflussmöglichkeiten auf Öffentlichkeit und Politik eine demokratisch-
deliberative Zivilgesellschaft unterlaufen: „We get not egalitarian citizen voice
in civil society but plutocratic citizen voice, underwritten and promoted by tax
policy" (2018, S. 134). Besonders deutlich wird dies im Falle sogenannter phil-
anthrokapitalistischer Stiftungen, die häufig „Kooperationen mit Unternehmen,
Staaten und anderen Akteuren" (Adloff & Degens, 2017, S. 49) eingehen, wobei
alle Akteur:innen je eigene Ziele zu bestimmten Bedingungen verfolgen. Die
Marktinteressen der involvierten Unternehmen und der philanthrokapitalistischen
Stifter:innen üben einen starken Einfluss auf die Tätigkeiten und Investitionen

der Stiftung und, mittels Public-Private Partnerships und anderen Kooperationen, auch auf sozialpolitische Aktivitäten öffentlicher Organisationen aus.
Dabei fehlt eine demokratische Rechenschaftspflicht (Adloff & Degens, 2017,
S. 49). Andererseits greift eine Gleichsetzung demokratischer Organisationen
mit Zivilgesellschaftlichkeit zu kurz. Schließlich dienen etwa viele Genossenschaften – also per definitionem demokratische Unternehmen – vor allem der
Förderung des Erwerbs ihrer Mitglieder. Diese Förderung hat nicht notwendigerweise einen zivilgesellschaftlichen oder gar gemeinwohlorientierten Bezug,
sondern kann auch schlicht die Bereitstellung von Clubgütern bedeuten. Gerade
im deutschsprachigen Genossenschaftsdiskurs liegt ein Schwerpunkt auf der Idee
kollektiver *Selbst*hilfe ohne Berücksichtigung von Dritten, wobei teilweise gar die
Möglichkeit der Gemeinwohlorientierungen verneint wird (demgegenüber etwa
Engelhardt, 1985; zur Vielschichtigkeit der Genossenschaften, stellvertretend für
viele: Blome-Drees et al., 2016; zu Genossenschaften als Teil des Dritten Sektors
etwa Zimmer & Priller, 2019).

Diese Diskussion zeigt bereits, dass ein Bezugsrahmen, grafisch dargestellt in
obiger Abb. 5.1, zwar als heuristisches Mittel für einen Vergleich verschiedener
Organisationsformen fungieren kann, aber nicht in der Lage ist, alle Organi-
sationstypen trennscharf einem der Sektoren zuzuordnen. Seit einigen Jahren
wird daher der Hybridität und der Hybridisierung von Organisationen vermehrt
Aufmerksamkeit gewidmet (Salamon & Sokolowski, 2016; Evers, 2018, 2019;
Minkoff, 2002; Hasenfeld & Gidron, 2005), um diese Schwächen zu überwinden.
Dieser Hybridisierungsdiskurs enthält eine Kritik am Sektorenmodell aufgrund
der „Unklarheit der Sektorgrenzen" (Glänzel & Schmitz, 2012, S. 184), welche
dazu führt, dass „der Begriff ‚Dritte-Sektor-Organisation' im konkreten Einzelfall
nur sehr begrenzte Aussagekraft" (Evers, 2019, S. 21) besitzt. Evers spricht des-
halb auch von „intersektoraler Hybridisierung" und meint damit verschiedene
Formen „der Übernahme von Elementen aus jeweils anderen Organisations-
feldern/Sektoren" (2018, S. 892), die durch ihre Kombination maßgeblich die
Wirtschafts- und Handlungsweise, Art und Herkunft genutzter Ressourcen sowie
Ziele, Kultur und Identität der Organisation konstituieren und somit eine ein-
deutige Zuordnung zu einem Sektor als unangemessen erscheinen lassen. Zum
Phänomen der Hybridorganisationen sind beispielsweise Sozialunternehmen und
Public-Private Partnerships, aber auch Management- bzw. Legitimationspraktiken
wie Corporate Social Responsibility (Glänzel & Schmitz, 2012, S. 184) zu zählen
(zu Zielkonflikten am Beispiel ethischer Banken Lenz, 2019).

Hybridisierungstendenzen ergeben sich aus der Ökonomisierung oder Monetarisierung (Zimmer, 2014) der Zivilgesellschaft, d. h. der fortschreitenden

Hinwendung zu betriebswirtschaftlichen Konzepten profitorientierter Unternehmen, sowie aus dem steigenden Wettbewerb um Fördergelder. Instrumente und Zielvorstellungen, die gemeinhin der Wirtschaft bzw. dem Markt zugeordnet werden, gewinnen an Bedeutung auch innerhalb des Dritten Sektors. Eine klare Trennung nach Sektoren wird auch dann fragwürdig, wenn z. B. „Sozialunternehmen als stärker marktorientierte Anbieter sozialer Dienstleistungen" (Freise & Zimmer, 2019, S. 14) staatlich gefördert werden und zuvor rein zivilgesellschaftlichen Organisationen aus Bereichen wie der Daseinsvorsorge Konkurrenz machen oder sogar verdrängen. Die von vornherein nicht trennscharfen Grenzen zwischen den Sektoren drohen immer stärker zu verschwimmen.

Hybridorganisationen, die Experimente gerade auf lokaler und regionaler Ebene voranbringen können, sieht aber auch das Foundational Economy Collective (2019, S. 235 f.) als Antriebskräfte möglicher und notwendiger Veränderungen und einer Abkehr von der neoliberalen Wirtschaftspolitik der letzten 40 Jahre. Das Kollektiv fordert in seinem vielbeachteten Werk einen Wandel hin zu einer fundamentalökonomischen Politik, in der die grundlegenden materiellen und immateriellen Infrastrukturen jenseits von Markt und Staat in einer Weise gesteuert werden, dass alle Bürger:innen Zugang zu den grundlegenden Gütern und Dienstleistungen einer „Ökonomie des Alltagslebens" haben. Der Begriff der Hybridität bezieht sich nicht allein auf Ökonomisierungsprozesse, sondern verweist allgemein auf komplexe Organisationen, die unterschiedliche Zwecke verbinden. Darunter können Wirtschaftlichkeitsziele zusammen mit Sachzielen fallen.

Insgesamt lässt sich festhalten, dass das Sektorenmodell die Zivilgesellschaft empirisch als Sphäre der Assoziationen zu fassen versucht. Damit sind Probleme verbunden. So wird, zumindest implizit, der real-empirische Bereich zivilgesellschaftlicher Organisation mit zivilgesellschaftlichen Normen und Werten vermengt, indem suggeriert wird, Zivilgesellschaft sei genau dort, wo freie Assoziationen sind. Damit verbaut das Modell beispielsweise den Blick auf partikularistische, undemokratische und/oder unzivile Formen solcher Assoziationen, also „die dunklen Seiten der Zivilgesellschaft" (Roth, 2004) wie etwa das Beispiel neuer rechter Bewegungen, aber auch den Blick auf „zivilgesellschaftliche Handlungsweisen außerhalb des Sektors" (Adloff, 2018b, S. 306). Aufgrund dieser Unschärfen lohnt es sich, die Untersuchung vom Sektorenmodell in Richtung eines handlungslogischen Ansatzes zu verschieben. In einem nächsten Schritt widmen wir uns daher der definitorischen Annäherung an zivilgesellschaftliches Wirtschaften über den Begriff der zivilgesellschaftlichen Handlungsweise.

5.2   Zivilgesellschaftliche Handlungsweise

Zivilgesellschaftliches Handeln wird in der Literatur überwiegend an den Begriff des Engagements gekoppelt, welcher das Geben von Ressourcen wie Zeit, Geld oder Wissen umfasst. Viele zivilgesellschaftliche Organisationen sind in hohem Maße auf solches Engagement angewiesen und könnten ohne dieses nicht bestehen. Die Enquete-Kommission „Zukunft des Bürgerschaftlichen Engagements" des deutschen Bundestages definierte im Jahr 2002 zivilgesellschaftliches bzw. bürgerschaftliches Engagement als freiwillig, im öffentlichen Raum stattfindend, gemeinschaftsbezogen, zum Allgemeinwohl beitragend und nicht auf materiellen Gewinn ausgerichtet (Enquete-Kommission, 2002).[3] Freiwilliges Engagement wird dabei oft als unentgeltlich verstanden (Kausmann et al., 2019). Bezahlte Tätigkeit wird definitorisch ausgeschlossen. Letztlich liegt also dieser Vorstellung engagierter Bürger:innen eine klare Abgrenzung von erwerbswirtschaftlichem Handeln zugrunde. Eine solche strikte Trennung ist aber problematisch. Es lässt sich zunächst erkennen, wie die bereits umrissene Idee getrennter Sektorlogiken als Ausgangspunkt dient. Demnach bezieht sich „wirtschaftliches Handeln in kapitalistischen Marktwirtschaften auf Kaufentscheidungen unter Rentabilitätsgesichtspunkten und profitorientierten Tausch", wohingegen „zivilgesellschaftliches Handeln auf dem Prinzip der gesellschaftlichen Selbstorganisation und freiwilligen Vereinigung" (Adloff et al., 2016, S. 15) beruht. Wie mit Verweis auf den Hybridisierungsbegriff gezeigt, ist eine strikte Trennung von Wirtschaft und Non-Profit-Sektor empirisch nur schwerlich haltbar, da die jeweiligen Handlungslogiken sich wechselseitig durchdringen. Die Überlegungen zum Begriff des Wirtschaftlichen (Kap. 2) haben außerdem untermauert, dass es wirtschaftende Organisationen auch jenseits kapitalistischer Unternehmen gibt. Damit ist genuin wirtschaftliches *und zugleich* zivilgesellschaftliches Handeln möglich.

Um zivilgesellschaftliches, wirtschaftliches Handeln begrifflich zu fassen, verweisen wir im Folgenden insbesondere auf drei einflussreiche Perspektiven. Dazu gehören erstens Edward Shils' (1991) Konzept der *Zivilität,* das die Wert- und Gemeinwohlgebundenheit des zivilgesellschaftlichen Handelns betont. Zweitens thematisieren wir stärker handlungs- und interaktionsorientierte Ansätze wie das Konzept der *Civic Action* (Lichterman & Eliasoph, 2014) sowie das Paradigma

---

[3] Der Begriff des *bürgerschaftlichen* Engagements erscheint insofern problematisch, als er das Engagement an den Status von Staatsbürger:innen semantisch koppelt. Zivilgesellschaftliches Engagement im hier verstandenen Sinne ist allerdings nicht an einen formalen (National-)Staatsbürgerstatus gekoppelt.

der *Gabe* (Caillé, 2008; Adloff, 2018a) und drittens kommen wir auf die Überlegungen zur *Deliberation* zurück, die sich bereits bei Dewey (1996) und Habermas (1993) finden (vgl. Kap. 3).

Zivilgesellschaftliches Handeln ist wertgebunden (siehe Kap. 4). Shils (1991) fasst dies als einen Komplex aus Werten und Verhaltensformen, welchen er als „Civility" bezeichnet. Civility besteht nach Shils in der Herausbildung eines kollektiven Selbstbewusstseins („collective self-consciousness", Shils, 1991, S. 12) der an Interaktionen beteiligten Individuen. Diese sehen sich nicht nur als teilhabend, sondern tatsächlich zugehörig zu einem größeren Ganzen, der Zivilgesellschaft, und gestehen jedem Individuum eine Gleichheit an Würde zu. Darüber hinaus gewährleisten „civil manners" (Shils, 1991, S. 13) im Sinne respektvoller Umgangsformen eine weniger konflikthafte Zusammenarbeit und „make relationships among the members of such institutions more agreeable" (1991, S. 13). Der Interaktionsraum der Zivilgesellschaft ist damit geprägt von einer gleichberechtigten Anerkennung und gegenseitigen Zugewandtheit der Beteiligten.

Einen einflussreichen Vorschlag, zivilgesellschaftliches Handeln ohne Rückgriff auf das Sektorenmodell zu konzipieren, legen Lichterman und Eliasoph (2014) vor. Im Vergleich zu Shils' Konzept der Civility, welches Wertbindung und die Würdigung gesamtgesellschaftlicher Institutionen betont, geht es ihnen weniger um grundlegende Werte, sondern um Praktiken zivilgesellschaftlichen Handelns. Ihr Konzept der Civic Action umfasst dabei einen die starre Bereichslogik überschreitenden Handlungsbegriff, der weniger die formalen Organisationsstrukturen oder die (Nicht-)Existenz von Geldflüssen betrachtet als vielmehr die konkreten Handlungsweisen, die in einen größeren gesellschaftlichen Kontext eingebettet sind: „[…] in civic action, participants are coordinating action to improve some aspect of common life in society, as they imagine society" (Lichtermann & Eliasoph, 2014, S. 809). Das Konzept der Civic Action fasst Zivilgesellschaftlichkeit daher nicht über spezifische Werte, Prinzipien, Sektorzugehörigkeiten o. Ä., sondern aus interaktionistischer Perspektive als kollektive, koordinierte Handlung zur Hebung des (jeweils imaginierten) Gemeinwohls. Civic Action beschränkt sich dabei nicht auf Organisationen eines spezifischen Sektors, sondern kann von Akteur:innen in vielfältigen Bereichen ausgeübt werden, „as long as they are imagining a wider society that they aim to improve with some mission they help devise and are relatively flexible in their manner of cooperating" (Lichtermann & Eliasoph, 2014, S. 810). Dies kann sowohl für bezahlte als auch unbezahlte Tätigkeiten gelten und führt das utopische Moment als besonderes Kennzeichen zivilgesellschaftlichen Handelns mit sich. Dies bedeutet auch, dass es zivile Praktiken in Unternehmen der Wirtschaft geben kann, umgekehrt aber auch nichtzivile Praktiken in zivilgesellschaftlichen Organisationen vorkommen können. Civic Action steht somit quer zur Sektorenlogik. Das Konzept verweist vielmehr auf die Gemeinwohlorientierung kollektiven Handelns als Spezifikum von Zivilgesellschaftlichkeit.

Die zivile Handlungsweise ist idealtypisch stark von Uneigennützigkeit und dem freiwilligen (ehrenamtlichen) Engagement von Bürger:innen geprägt, was als „Form der Solidarität, die auf einem reziproken Muster von Gaben und Erwidern [beruht]" (Adloff, 2018a, S. 240), verstanden werden kann. Zivilgesellschaftliches Engagement lässt sich als Form der Gabe auffassen. Die Gabe verstehen wir in Anlehnung an Mauss (1990) und die „anti-utilitaristische" Mauss-Rezeption von Alain Caillé (2008) als freiwillig und verpflichtend zugleich, als zwischen Eigeninteresse und im Interesse für andere liegend. Ein Charakteristikum der Gabe ist, dass sie spontan bzw. freiwillig ist, zumal eine Erwiderung „nicht erzwungen oder eingefordert werden" (Adloff, 2018a, S. 66) kann, jedoch soziale Sanktionierung bei Nichterwiderung möglich ist. Gaben stiften soziale Beziehungen und sind damit Grundlage von Zivilgesellschaftlichkeit. Dies gilt unabhängig davon, ob eine spezifische Gabe eher durch Eigeninteresse (wenn sie beispielsweise der Steigerung von Reputation oder sozialem Status dient) oder durch Interesse für das Wohl anderer motiviert ist. Tatsächlich sperren sich Gaben in dieser Lesart der kategorischen Gegenüberstellung von Egoismus und Altruismus (Caillé, 2008).

Laut Frank Adloff liegt in der Zivilgesellschaft die Gabe „geradezu ausdifferenziert als Handlungslogik vor" (2018a, S. 239). Diese Gabenlogik beschränkt sich nicht auf das selbstlose Geben, sondern beinhaltet im Sinne der Reziprozität auch die Verpflichtung zur Erwiderung und erzeugt somit eine von Gabe/Erwiderung konstituierte Interaktionsstruktur, durch die nichthierarchische Gemeinschaften produziert und stabilisiert werden. Im Unterschied zu den oft stark hierarchisierten Unternehmen der kapitalistischen Wirtschaft und den häufig mit Zwängen verbundenen bürokratischen Institutionen des Staates basieren zivilgesellschaftliche Organisationen tendenziell auf den Prinzipien der Gleichheit ihrer Mitglieder, die freiwillig partizipieren und an den internen demokratischen Entscheidungsfindungen teilhaben, die offen für Diskussionen und freie Meinungsäußerungen sind. Dies äußert sich in kollegialen und deliberativen Strukturen, die die Mitglieder zu uneigennützigem bzw. gemeinwohlorientiertem Handeln motivieren (Sciulli, 2001, S. 14; Elsen & Walk, 2016, S. 62; Evers, 2019, S. 11 f.). Nach Habermas ziehen deliberative Verfahren ihre „legitimierende Kraft aus der diskursiven Struktur einer Meinungs- und Willensbildung, die ihre sozialintegrative Funktion nur dank der Erwartung einer vernünftigen *Qualität* ihrer Ergebnisse erfüllen kann" (1993, S. 369, Hervorhebung im Original). Eine deliberative Demokratie basiert daher erstens auf „effektive[n], egalitäre[n] Entscheidungsverfahren" (Brunkhorst, 2016, S. 133), die rechtlich legal, als legitim erachtet und unberührt von repressiven Eingriffen auch über die Grundbedingung des Status quo aller gesellschaftlichen Bereiche sowie mögliche Alternativen verhandeln und entscheiden können. Zweitens muss eine sozialwirksame rechtliche Gleichstellung der Individuen eine Öffentlichkeit gewährleisten, in der diese argumentativen Entscheidungsverfahren etabliert werden können (Brunkhorst, 2016, S. 133). Die Annahme einer gemeinwohlfördernden Wirung deliberativer Demokratie begründet sich daher über eine störungsfreie öffentliche Beratung und Abstimmung, in dessen Verlauf den Beteiligten „das Gemeinwohl und die Perspektiven anderer in den Blick geraten" (Landwehr, 2012, S. 363), wobei sich dieser Prozess durch seinen konstitutiv-partizipatorischen Charakter selbst legitimiert (vgl. Kap. 3 und die dortige Auseinandersetzung mit Deweys Konzeption der Öffentlichkeiten).

Hier zeigt sich eine Nähe zum Ansatz der „social economy", unter die Laville Organisationen fasst, die sich wirtschaftlich betätigen und dabei demokratischen Handlungs- und Entscheidungsprinzipien folgen: „the members have equal rights in relation to the functioning of the organization; operating surpluses, if any, are proportionate to their level of activity" (2010, S. 230). Aus einer solchen Perspektive sind gemeinschaftliche Eigentumsformen und eine gerechte Verteilung sowohl von mit Eigentum einhergehenden Rechten und Pflichten (Degens, 2021) als auch des erwirtschafteten Kapitals paradigmatisch für das zivilgesellschaftliche Wirtschaften. Die Deliberation und direkte Demokratie als kooperativistisches Ideal (Rothschild & Stephenson, 2009, S. 801; Zamagni, 2018; zu Produktivgenossenschaften Schimmele, 2019; Kerber-Clasen, 2012) manifestieren sich sowohl in horizontalen Organisationsstrukturen als auch in den konkreten Handlungsweisen. Zivilgesellschaftliches Wirtschaften findet sich in dieser Lesart besonders in solchen informellen Zusammenschlüssen und formalen Organisationen, die auch in ihrer internen Struktur Handlungen und Praktiken ermöglichen, welche als zivilgesellschaftlich anerkannt sind und damit idealtypisch horizontalen, gleichberechtigten sozialen Interaktionen Raum geben (Pestoff & Hulgård, 2016). In einem engen Sinne verweist ein idealtypischer Begriff des zivilgesellschaftlichen Wirtschaftens also auf ökonomische Civic Action innerhalb deliberativer Strukturen von Organisationen in gemeinschaftlichem Eigentum. Gleichwohl sind nicht alle zivilgesellschaftlichen Organisationen solcherart strukturiert. Im Gegenteil, ein Großteil der gemeinhin der Zivilgesellschaft zugezählten Organisationen sind stärker vertikal strukturiert, wie etwa Stiftungen (s. o.). Auch in diesen kann es zu Civic Action im Feld des Ökonomischen kommen. Ein breites Verständnis zivilgesellschaftlichen Wirtschaftens erachtet daher die interne demokratisch-deliberative Ausgestaltung einer Organisation nicht als notwendige Bedingung. Doch scheint in partizipativen Strukturen und Handlungen unter Gleichen in besonderem Maße der utopische Charakter der Zivilgesellschaft auf, dem wir uns im nächsten Schritt nähern.

5.3   Zivilgesellschaft als Utopie

Die normativ aufgeladene Idee der Zivilgesellschaft zeigt sich einerseits in der besonderen, wertegeladenen Handlungsweise. Andererseits offenbart sich diese Normativität darin, dass Zivilgesellschaft eine „Utopie, ein immer noch nicht voll erfülltes Versprechen" und damit „Teil eines umfassenden Entwurfs oder Projekts" (Kocka, 2004, S. 34) ist, das noch nicht verwirklicht wurde und letztlich nie verwirklicht werden kann. Diese Utopie umfasst sowohl einen öffentlichen Raum des zivilen Meinungsaustausches, der friedlichen Konfliktlösung und freier Assoziation als auch die Ziele, die in konkreten Projekten der Zivilgesellschaft und in ihren Organisationen verfolgt werden. Sie zielt damit auf das „Prinzip der zivilgesellschaftlichen Selbstorganisation" (Klein, 2019, S. 91) des freiwilligen Engagements der Bürger:innen. Diese organisieren sich, geschützt von einem liberalen Rechtsstaat, in heterogenen demokratisch verfassten Assoziationen und beteiligen sich auf solidarische Weise an der Förderung des Gemeinwohls sowie der Reproduktion zivilgesellschaftlicher Werte. Entsprechend wurde die Zivilgesellschaft seit der Aufklärung verstanden als:

> „utopischer Entwurf einer zukünftigen Zivilisation, in der die Menschen als mündige Bürger friedlich zusammenleben würden, als Privatpersonen in ihren Familien und als Bürger (citizens) in der Öffentlichkeit, selbstständig und frei, in Assoziationen kooperierend, unter der Herrschaft des Rechts, aber ohne Gängelung durch den Obrigkeitsstaat, mit Toleranz für kulturelle, religiöse und ethnische Vielfalt, aber ohne allzu große soziale Ungleichheit, jedenfalls ohne ständische Ungleichheit herkömmlicher Art" (Kocka, 2000, S. 16).

Diese Utopie des 18. und 19. Jahrhunderts enthält bereits viele zivilgesellschaftliche Prinzipien, zu deren wichtigsten die Kooperation gleichberechtigter Akteur:innen zählt. Die antidiktatorischen und prodemokratischen Diskurse in Osteuropa und Südamerika prägten als realgeschichtliche Ereignisse den Begriff der Zivilgesellschaft entscheidend und ließen ihn „zu einem Schlüsselwort" (Kocka, 2000, S. 16) der 1980er Jahre werden, wieder verbunden mit einem zukünftigen Gesellschaftsentwurf (Sziedat, 2020). Im Allgemeinen kann das utopische Moment der Zivilgesellschaft zusammengefasst werden als „das selbstregierte demokratische Zusammenleben" (Adloff, 2005b, S. 66), das den öffentlichen Diskursraum zur fortwährenden Aushandlung der Vision einer guten Gesellschaft bildet, an dem sich diverse Interessensgruppen beteiligen, unter Einhaltung ziviler Verfahrensweisen (Edwards, 2008, S. 37 ff.). Darin spiegelt sich im Übrigen eine weitere Kritik am Sektorenmodell wider (vgl. Abschn. 5.1). Denn das utopische Moment der Zivilgesellschaft basiert immer auf normativen Grundlagen, an deren Aushandlung eine Vielzahl von diversen Akteur:innen und Institutionen teilhaben, die sich nicht in der strikten theoretischen Ausdifferenzierung des Dritten Sektors fassen lassen. Der Dritte Sektor stellt allenfalls eine empirisch realisierte Form von Zivilgesellschaft dar, entspricht aber keinesfalls dieser Utopie einer guten Gesellschaft, auch wenn sie ihr in einem stetigen politischen Aushandlungsprozess entgegenstrebt (Bunyan, 2014; vgl. Alexander, 2006, S. 194 f.).

Zivilgesellschaftliche Initiativen versuchen, das utopische Moment bereits in der Gegenwart, wenn vielleicht auch eingeschränkt, zu verwirklichen. Als „reale Utopien" bezeichnet Erik Olin Wright (2015, 2017) daher Initiativen, die angesichts der zunehmenden Instabilität einer kapitalistischen Weltwirtschaft und ökologischer Krisen versuchen, bereits unter gegenwärtigen Bedingungen so zu handeln, wie es der zivilgesellschaftlichen Utopie entspricht. Ziel sind nicht die Revolution oder ein disruptiver Umsturz, sondern die Schaffung (staatlich) geschützter Räume, in denen beispielsweise inmitten kapitalistischer Wirtschaftssysteme alternative Wirtschaftsformen erprobt und gelebt werden können (siehe auch Gibson-Graham et al., 2013). Es handelt sich somit um präfigurative Organisationen, die eine alternative zivilgesellschaftliche Ökonomie in der Gegenwart vorwegzunehmen trachten (Schiller-Merkens, 2020; Monticelli, 2018; Reinecke, 2018). Sie stehen damit gewissermaßen in der Tradition von Deweys demokratischen Experimentalismus (vgl. Kap. 3; auch Honneth, 2017, S. 85 ff.; Fladvad, 2021). Hier findet sich die Überzeugung, dass Utopien nicht nur als Insellösungen im Kleinen verwirklicht werden können, sondern gleichzeitig den Weg zu einer größeren, gesamtgesellschaftlichen Transformation weisen. Dementsprechend meint Wright mit realen Utopien solche „Institutionen, Verhältnisse und Praktiken, die in der Welt, wie sie gegenwärtig beschaffen ist, entwickelt werden können, die dabei aber die Welt, wie sie beschaffen sein könnte, vorwegnehmen und dazu beitragen, dass wir uns in diese Richtung bewegen" (2017, S. 11).

Einen verwandten, wenngleich weniger kapitalismuskritischen Ansatz bezeichnet Schneidewind als „Reallabore", die eine Umgebung schaffen zur Durchführung von „Realexperimente[n], die dazu dienen, das Wissen über nachhaltigkeitsorientierte Transformationsprozesse zu verbessern und solche konkret

anzustoßen" (2014, S. 2 f.). Historisch finden sich etwa innerhalb der Genos-
senschaftsbewegung zahlreiche Unternehmenstypen mit „Experimentalcharakter"
(Hettlage, 1990, S. 310 ff.), welche die jeweiligen gesellschaftlichen Verhältnisse
zunächst innerhalb ihrer Organisationen zu überwinden beabsichtigten (Engelhardt, 1985). Mit Foucault lässt sich auch von „Heterotopien" sprechen, welche
er zudem als „Gegenräume" bezeichnet, „die sich allen anderen [Orten] wider-
setzen und sie in gewisser Weise sogar auslöschen, ersetzen, neutralisieren oder
reinigen sollen" (2013, S. 10). Wie in Wrights Ansatz handelt es sich um Utopien, die einen tatsächlich lokalisierbaren Ort besetzen und sich zeitlich als
„unchronische Augenblicke" (Foucault, 2013, S. 9) verwirklichen, inmitten der
gesellschaftlichen Realität mit all ihren Unzulänglichkeiten. All solche Ansätze
bezeichnen zivilgesellschaftliche Utopien einer guten oder besseren Gesellschaft,
welche in kleinen Innovationsstätten erprobt werden und möglicherweise einen
gesamtgesellschaftlichen Wandel in Gang setzten. Sie überschneiden sich damit
mit dem Anliegen des „konvivialistischen Manifests" (Les Convivialistes, 2014),
das sich als Aufforderung verstehen lässt, „sich an der Suche nach ‚realen Utopien' zu beteiligen […], die reformistisch und zugleich radikal dazu beitragen
können, Utilitarismus und maßloses Wachstum zu überwinden" (Adloff, 2014,
S. 28; vgl. Konvivialistische Internationale, 2020). Bunyans (2014) Unterscheidung von Zivilgesellschaft als nie verwirklichte Utopie und als real existierender
Sektor verliert gewissermaßen an Trennschärfe, wenn der Blick auf reale Utopien
und Präfiguration gelenkt wird. Den unterschiedlichen realutopischen Ansätzen
ist gemeinsam, dass die Akkumulation wirtschaftlicher Macht vermieden und
vor allem eine Übersetzung ökonomischer in politische Macht verhindert werden soll (Kubon-Gilke & Maier-Rigaud, 2020, S. 117). Dabei wird die Vielfalt
des Ökonomischen betont, in der Märkten und auch der Profitwirtschaft ein
zwar legitimer, aber deutlich stärker begrenzter Raum zugewiesen wird (z. B.
Die konvivialistische Internationale, 2020, S. 55). Ein Beispiel für eine gerade
im deutschsprachigen Raum jüngst einflussreiche Bewegung, die einen Alter-
nativzustand für die Ökonomie grundlegend formuliert und bereits im Hier
und Jetzt verwirklicht, ist die Gemeinwohlökonomie (Kubon-Gilke & Maier-
Rigaud, 2020, S. 216 ff.), die maßgeblich Christian Felber (2018) konzipiert
hat. Partizipierende Unternehmen der Gemeinwohlökonomie dokumentieren ihr
Ziel einer nachhaltigen und sozialen Wirtschaftsweise etwa, indem sie regelmäßig
Gemeinwohlbilanzen publizieren (www.ecogood.org/de). Andere, immer breiter
diskutierte Ansätze finden sich im Bereich des Degrowths oder der Postwachs-
tumsökonomie (Schmelzer & Vetter, 2019). Diesen Ansätzen geht es maßgeblich
darum, emanzipatorische und demokratische, nichtkapitalistische und nicht dem

Wachstumszwang unterliegende Ökonomien herauszubilden und zu entfalten, um selbstbestimmtes, sozial gerechtes und nachhaltiges gutes Leben zu ermöglichen. Die Einbeziehung des utopischen Charakters der Zivilgesellschaft in einen Begriff zivilgesellschaftlichen Wirtschaftens verweist damit auf die bereits in der Diskussion des Handlungsbegriffes angesprochene besondere Bedeutung von demokratischer Selbstorganisation auch im Innern. In einem breiten Verständnis ist damit eine Gemeinwohlorientierung wirtschaftlicher (individueller oder kollektiver) Akteur:innen jenseits staatlicher Institutionen gemeint. In einem engen Verständnis hingegen auch die interne Struktur zivilgesellschaftlicher Organisationen. Der utopische Charakter zeigt sich darin, dass dem Ideal einer konfliktfreien gemeinschaftlichen Selbstorganisation unter Gleichen entgegengestrebt wird, auch wenn sich dieses Ideal nie verwirklichen lässt. Im folgenden Kap. 6 wollen wir die Einsichten aus der Diskussion der unterschiedlichen Dimensionen des Zivilgesellschaftsbegriffes und ihrer Bedeutungen für zivilgesellschaftliches Wirtschaften zusammenführen und dabei diese Unterscheidung einer engen und einer weiten Konzeption zivilgesellschaftlichen Wirtschaftens beibehalten.

Zusammenführung: zivilgesellschaftliches Wirtschaften im engen und weiten Sinn

6

Den vorangegangenen Überlegungen folgend, erörtern wir abschließend unser Verständnis eines differenzierten Begriffs zivilgesellschaftlichen Wirtschaftens. Den Vorschlag Jürgen Kockas aufgreifend, haben wir dazu drei Dimensionen der Zivilgesellschaft betrachtet. Zivilgesellschaft bezeichnet erstens einen gesellschaftlichen Raum oder Teilbereich jenseits des Marktes und des Staates, der oft als Dritter Sektor bezeichnet wird, zweitens eine spezifische Handlungsform, die auf Solidarität, Kooperation und dem Blick aufs Gemeinwohl basiert, sowie drittens ein utopisches Projekt. Wir haben festgestellt, dass die mit dem Sektorenmodell verbundene Vorstellung von Zivilgesellschaft als eigenständiger gesellschaftlicher Bereich problematisch ist. Denn die Grenzen dieses Bereiches sind umstritten und es finden sich diverse Hybridisierungstendenzen (Schlagworte sind Ökonomisierung und Monetarisierung der Zivilgesellschaft, Sozialunternehmen, aber auch Public-Private Partnerships usw.), die zu einem weiteren Verschwimmen der Grenzen führen. Zivilgesellschaftlichkeit scheint daher mehr *und* weniger als der Bereich der Assoziationen zu sein, für den sie seit Tocqueville oft gehalten wurde. Mehr, weil sich Zivilgesellschaftlichkeit auch in Organisationsformen anderer Bereiche finden kann, weniger, weil nicht alle assoziativen Gebilde tatsächlich zivilgesellschaftlich handeln. Die zweite von Kocka genannte Dimension des Zivilgesellschaftsbegriffes verweist genau auf diese Handlungsebene. Aus dieser Sicht geht es um ziviles Handeln oder Civic Action, womit kooperatives (also gemeinschaftliches) Handeln mit Gemeinwohlbezug bezeichnet wird. In gewisser Weise ist ein Handlungsbegriff der Zivilgesellschaftlichkeit geeignet, Schwächen des Sektorenmodells zu überwinden, zumal er hybriden Organisationsformen Raum gibt. Zu fragen ist dann, wann und unter welchen Bedingungen welche Handlungsformen als „zivilgesellschaftlich" angesehen werden können. Die dritte Dimension fasst den utopischen Charakter der Zivilgesellschaft, welcher auf die kooperative Selbstorganisation der

© Der/die Autor(en), exklusiv lizenziert durch Springer Fachmedien Wiesbaden GmbH, ein Teil von Springer Nature 2021
P. Degens und L. Lapschieß, *Zivilgesellschaftliches Wirtschaften*, essentials,
https://doi.org/10.1007/978-3-658-36063-4_6

Gesellschaft, befreit von der Logik des Marktes und den Zwängen des Staates, verweist. Dem Zivilgesellschaftsbegriff zugrunde liegt also die Idee freier, solidarisch-kooperativer, demokratischer Selbstorganisation. Auch verweist das utopische Element auf die Prozesshaftigkeit von Zivilgesellschaft und auf die stets anzustrebende Verwirklichung einer guten Gesellschaft.

In idealtypischer Charakteristik umfasst zivilgesellschaftliches Wirtschaften somit soziale Selbstorganisation, welche weder dem staatlichen Machtzugriff unterliegt noch der kapitalistischen, profitwirtschaftlichen Marktlogik folgt, sondern aus freiwilligen Assoziationen von engagierten Bürger:innen zum Zweck eines nicht profitorientierten Wirtschaftens, einer konkreten Bedarfsdeckung, persönlicher/gemeinschaftlicher Förderung (der Mitglieder) sowie der Gemeinwohlförderung dient und dies mit dem Ziel bzw. der Utopie einer guten Gesellschaft verknüpft. Zivilgesellschaftliches Wirtschaften kann sowohl als Mittel als auch als Zweck einer guten Gesellschaft geltend gemacht werden, insofern in zivilgesellschaftlichen Organisationsformen und Handlungsweisen die Ideale und Praktiken einer guten Gesellschaft (freiheitliche, demokratische, rechtstaatliche Grundordnung) eingeübt und reproduziert werden. Eine Übertragung zivilgesellschaftlicher Merkmale auf wirtschaftende Organisationen lässt besondere Merkmale hervorscheinen, nämlich kollektive Besitz-/Eigentumsformen und deliberative Strukturen. Diese richten sich an den zivilgesellschaftlichen Werten der Solidarität, an gleichberechtigter Kooperation, Reziprozität, gewaltfreier Konfliktlösung, Toleranz, Pluralität, Anerkennung von Differenzen, Vertrauen und (basis-)demokratischer Entscheidungsfindung aus. Des Weiteren konstituiert sich das zivilgesellschaftliche Wirtschaften im Sinne der Civic Action (Lichterman & Eliasoph, 2014) als koordinierte Handlungsweise, die stark von freiwilligen Vorleistungen, in Form von Gaben, abhängt und mögliche Eigennützigkeit mit Blick auf das Wohl anderer bzw. eines imaginierten Gemeinwohls beschränkt und dabei demokratischen Verfahrensweisen unterliegt. Diese Merkmale werden beispielsweise von Vereinen oder Genossenschaften erfüllt, wohingegen sich Stiftungen mit ihren tendenziell undemokratischen Eigentumsverhältnissen und Entscheidungsverfahren dieser engen Definition entziehen. Gleichwohl verwirklichen sie wesentliche Merkmale zivilgesellschaftlicher Organisationen. Damit lassen sich ein enger und ein weiter Begriff zivilgesellschaftlichen Wirtschaftens unterscheiden. Während der weite Begriff alle nichtprofitorientierten, gemeinwirtschaftlichen Organisationen und Initiativen erfasst, rekurriert der enge Begriff ausschließlich auf solche Formen, die außerdem selbst demokratisch verfasst sind und damit Zivilgesellschaftsmerkmale auch in ihrer internen organisatorischen Ausgestaltung umfassen.

Wir schlagen also vor, zivilgesellschaftliches Wirtschaften anhand zweier Dimensionen – einer externen und einer internen – zu fassen. Die externe Dimension bezieht sich dabei auf die Zielorientierung der Organisationen. Den gängigen Begriffsbestimmungen folgend, verlangt zivilgesellschaftliches Handeln eine Orientierung nicht an partikularen Einzelinteressen, sondern am Gemeinwohl. Die interne Dimension rekurriert auf die Governancestruktur der jeweiligen Organisation. Im Sinne des demokratisch-deliberativen Gehalts der Zivilgesellschaft und der präfigurativen Vorwegnahme einer besseren Welt lassen sich hier demokratisch verfasste von hierarchischen Organisationen unterscheiden. Zusammengenommen erlauben diese beiden Dimensionen, zwischen dem weiten und dem engen Konzept zivilgesellschaftlichen Wirtschaftens zu unterscheiden. Im weiteren Sinne bezieht sich eine zivilgesellschaftliche Wirtschaftsweise auf die externe Dimension der Gemeinwohlorientierung der wirtschaftlichen Handlung oder der wirtschaftenden Organisation. Im engeren Sinne sprechen wir von zivilgesellschaftlichem Wirtschaften, wenn dieses als kollektive Handlungsform auch in ihrer internen Dimension der Zivilgesellschaftlichkeit genügt, wenn die Handlung also partizipativ-demokratisch organisiert wird und damit das utopische Element der freien Selbstorganisation unter Gleichen umzusetzen versucht. Als einfaches Venn-Diagramm lassen sich die beiden Begriffe demnach wie in der folgenden Abb. 6.1 veranschaulichen.

Damit ist nicht gesagt, dass alle demokratisch verfassten Organisationen wie etwa wirtschaftliche Vereine oder Genossenschaften diesem engen Begriff zuzurechnen sind. Wenn Organisationen zwar intern demokratisch strukturiert sind, jedoch nicht das Gemeinwohl verfolgen, stehen sie außerhalb zivilgesellschaftlichen Wirtschaftens (rechter Bereich in der Abbildung). So verfügen solche genossenschaftlichen und andere demokratische Unternehmen, die etwa primär der Erwerbswirtschaft ihrer Mitgliedsunternehmen dienen, nicht über den notwendigen Gemeinwohlbezug, sondern stellen letztlich Clubgüter zur Besserstellung der ökonomischen (Markt-)Performance ihrer Mitglieder her. Dies ist selbstverständlich nicht verwerflich, aber eben auch nicht als zivilgesellschaftlich zu klassifizieren. Das hier vorgeschlagene enge Verständnis zivilgesellschaftlichen Wirtschaftens mag sich darüber hinaus auch in idealtypischer Weise von Genossenschaften unterscheiden, sofern letztere einen ausschließlichen, auch für die demokratische Entscheidungsfindung maßgeblichen Fokus auf Mitgliedschaft setzen. Denn Zivilgesellschaftlichkeit mit ihrem Gemeinwohlbezug steht einer Externalisierung von Kosten zulasten Dritter entgegen, während eine Genossenschaft in enger Lesart (welche gerade im deutschsprachigen Raum überwiegt) ein Club zur Besserstellung der Mitglieder ohne Rücksicht auf Nichtmitglieder ist. Folgt man jedoch einer Maßgabe, allen betroffenen Akteur:innen Zugang zu

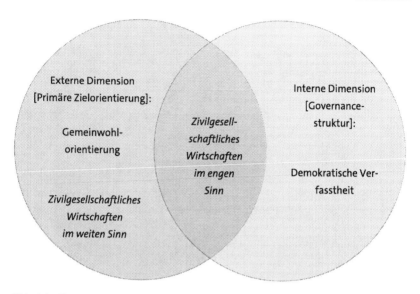

Abb. 6.1 Enger und weiter Begriff zivilgesellschaftlichen Wirtschaftens. (Quelle: Eigene Darstellung)

Entscheidungsfindung zu gewähren, geht die Anspruchsgruppe zivilgesellschaftlicher Organisation weit über die Gruppe der Mitglieder (seien es Kund:innen, Lieferant:innen, Mieter:innen oder aber auch Mitarbeiter:innen wie in Produktivgenossenschaften) hinaus. Genossenschaftliche Prinzipien der Identität von Eigentümer:innen und Leistungsbezieher:innen oder Mitarbeiter:innen und der Mitgliederförderung, sofern sie strikt umgesetzt oder verstanden werden, mögen also Konfliktpotenzial in Bezug auf die Zivilgesellschaftlichkeit enthalten. Allerdings zeigen nicht zuletzt jüngere Beispiele von Hybridgenossenschaften, wie sie unter anderem in der Solidarischen Landwirtschaft (Flieger, 2016) oder auch im – allerdings nicht erfolgreichen – Versuch der Vergenossenschaftlichung von Hess Natur (Schmitz, 2015, S. 249) zu finden sind, wie sich die genossenschaftliche Form mit zivilgesellschaftlichem Inhalt im engeren Sinne vereinbaren lassen. Die jüngere Wiederentdeckung der Genossenschaft hängt jedenfalls sicherlich mit ihrer „konzeptionellen Nähe [...] zu nachhaltigen Wirtschaftsformen" (Schmale, 2020, S. 9) zusammen und mit ihrem spezifisch demokratischen Charakter, der eine Gemeinwohlorientierung ermöglicht (bspw. Klemisch & Boddenberg, 2016; Thürling, 2020; Walk, 2019).

In jüngerer Zeit sind auch Sozialunternehmen als Organisationsformen verstanden worden, die nicht den Interessen der Eigentümer:innen, sondern dem Gemeinwohl dienen (Strachwitz et al., 2020, S. 159 f.). Inwieweit Sozialunternehmen als Formen zivilgesellschaftlichen Wirtschaftens zu verstehen sind, hängt – wie auch bei den Genossenschaften – von Zielen, Organisationsform und Praktiken ab (Blome-Drees et al., 2021). Sind Sozialunternehmen demokratisch organisiert, verfolgen sie Ziele, die das Gemeinwohl fördern, und schütten mögliche Profite allenfalls sehr begrenzt an Investor:innen aus, dann können sie tendenziell unter den engen Begriff subsumiert und als genossenschaftsartig verstanden werden. Handelt es sich um nichtdemokratische Unternehmen zum Nutzen Dritter bzw. des Gemeinwohls, fallen sie unter den weiten Begriff, da sie die notwendige Bedingung der externen Dimension erfüllen. Überwiegen Profitorientierungen oder Renditeerwartungen und stellt sich ein etwaiger „social return on investment" eher als Lippenbekenntnis oder Vermarktungstool dar, stehen sie außerhalb des zivilgesellschaftlichen Wirtschaftens. Grenzen können dabei vermutlich nur schwerlich anhand formaler A-priori-Kriterien gezogen werden, vielmehr bedarf es einer spezifischen Analyse der einzelnen Fälle. Bereits Thiemeyer schlägt vor, „für ein bestimmtes Unternehmen oder eine Gruppe gleichartiger Unternehmen inhaltlich konkret zu bestimmen, was für dieses Unternehmen unter den gegebenen historischen Umständen als gemeinwirtschaftlich gelten soll" (1970a, S. 32 f.). Ein proklamierter Gemeinwohlbezug reicht jedenfalls nicht aus. Dies zeigen etwa die mannigfaltigen Erfahrungen im Feld der Mikrofinanz und der Mikroversicherungen (Klas & Mader, 2014; darin Degens, 2014), aber gilt auch allgemein etwa für den legitimatorischen Bezug auf Corporate Social Responsibility (Banerjee, 2012).

Wir halten demnach konkrete Einzelfallanalysen für die Einordnung einer bestimmten Organisation als Form zivilgesellschaftlichen Wirtschaftens für notwendig. Damit soll aber keiner Beliebigkeit das Wort geredet werden. Denn es gilt, sowohl den jeweiligen Gemeinwohlbezug (für den weiten Begriff) als auch die tatsächlich gelebte demokratische Praxis (für den engen Begriff) zu rekonstruieren und kritisch zu hinterfragen. Die hier vorgeschlagene begriffliche Differenzierung soll dabei helfen, die unterschiedlichen Ausprägungen einer Übertragung zivilgesellschaftlicher Merkmale auf genuin wirtschaftliches Handeln jenseits der Profitorientierung zu fassen.

Was Sie aus diesem *essential* mitnehmen können

- Der Diskurs der neoklassischen Modelltheorie erfasst viele empirisch vorkommende, nichtprofitorientierte Formen des Wirtschaftens nicht adäquat, welche sich jedoch mit Ansätzen z. B. der Einbettung (Polanyi), der Gabe (Mauss, Caillé, Adloff), der Diverse economies (Gibson-Graham) oder der Gemeinwirtschaft (Thiemeyer) untersuchen lassen
- Gemeinwohl ist keine a priori gegebene Kategorie, sondern unterliegt subjektiver Auslegung und ist notwendigerweise Gegenstand öffentlicher Aushandlungsprozesse (Dewey; Habermas; Offe)
- Zivilgesellschaft ist ein mehrdimensionaler Begriff, der in der Literatur als 1) gesellschaftlicher Sektor/Bereich, 2) spezifischer Handlungstypus und 3) als Utopie der *guten Gesellschaft* gefasst wird (Kocka)
- Die Vorstellung einer eigenständigen, klar abgegrenzten zivilgesellschaftlichen Sphäre ist problematisch und empirisch nicht vorfindbar. Dies zeigen sowohl Arbeiten zur Hybridisierung (Evers) als auch handlungs- und interaktionsbezogene Konzepte wie die Civic Action (Lichterman und Eliasoph)
- Ein idealtypischer Begriff zivilgesellschaftlichen Wirtschaftens umfasst in einem weiteren Sinne Formen des Wirtschaftens mit Gemeinwohlorientierung (externe Dimension) und in einem engeren Sinne solche Formen und Organisationen mit Gemeinwohlorientierung, die zudem demokratisch verfasst sind (interne Dimension) und somit Merkmale der Zivilgesellschaft in ihrer Governancestruktur verwirklichen

© Der/die Herausgeber bzw. der/die Autor(en), exklusiv lizenziert durch Springer Fachmedien Wiesbaden GmbH, ein Teil von Springer Nature 2021
P. Degens und L. Lapschieß, *Zivilgesellschaftliches Wirtschaften*, essentials, https://doi.org/10.1007/978-3-658-36063-4

Literatur

Adloff, F. (2005a). *Zivilgesellschaft. Theorie und politische Praxis.* Campus.

Adloff, F. (2005b). Interaktion und Ordnung: Wirtschaft und Zivilgesellschaft im Theorierückblick. In F. Adloff, U. Birsl, & P. Schwertmann (Hrsg.), *Wirtschaft und Zivilgesellschaft. Theoretische und empirische Perspektiven* (S. 65–95). VS Verlag (Jahrbuch für Europa- und Nordamerika-Studien, 8).

Adloff, F. (2014). Es gibt schon ein richtiges Leben im falschen. In F. Adloff, C. Leggewie, & L. Convivialistes (Hrsg.), *Das konvivialistische Manifest. Für eine neue Kunst des Zusammenlebens* (S. 7–32). transcript (X-Texte zu Kultur und Gesellschaft).

Adloff, F. (2018a). *Politik der Gabe. Für ein anderes Zusammenleben* (1. Aufl.). Edition Nautilus.

Adloff, F. (2018b). Zivilgesellschaft in der sozialökologischen Krise. *Forschungsjournal Soziale Bewegungen, 31*(1–2), 298–309.

Adloff, F., & Busse, T. (Hrsg.). (2021). *Welche Rechte braucht die Natur? Wege aus dem Artensterben.* Campus.

Adloff, F., & Degens, P. (2017). „Muss nur noch kurz die Welt retten." Philanthrokapitalismus: Chance oder Risiko? *Forschungsjournal Soziale Bewegungen, 30*(4), 43–55.

Adloff, F., Klein, A., & Kocka, J. (2016). Kapitalismus und Zivilgesellschaft. Einleitung in den Themenschwerpunkt. *Forschungsjournal Soziale Bewegungen. Analysen zu Demokratie und Zivilgesellschaft, 29*(3), 14–21.

Alexander, J. C. (2006). *The civil sphere.* Oxford University Press.

Alexander, C. (2010). The third sector. In K. Hart, J.-L. Laville, & A. D. Cattani (Hrsg.), *The human economy. A citizen's guide* (S. 213–224). Polity.

Banerjee, S. B. (2012). Corporate social responsibility: The good, the bad and the ugly. *Critical Sociology, 34*(1), 51–79.

Beckert, J. (2009). The great transformation of embeddedness: Karl Polanyi and the new economic sociology. In C. Hann & K. Hart (Hrsg.), *Market and society: The great transformation today* (S. 38–55). Cambridge University Press.

Berman, S. (1997). Civil society and political institutionalization. *American Behavioral Scientist, 40,* 562–574.

Birsl, U., Adloff, F., & Schwertmann, P. (2005). Wirtschaft und Zivilgesellschaft im sozialwissenschaftlichen Diskurs. In F. Adloff, U. Birsl, & P. Schwertmann (Hrsg.), *Wirtschaft und Zivilgesellschaft. Theoretische und empirische Perspektiven* (S. 9–21). VS Verlag (Jahrbuch für Europa- und Nordamerika-Studien, 8).

Blome-Drees, J., Bøggild, N., Degens, P., Michels, J., Schimmele, C., & Werner, J. (2016). *Potenziale und Hemmnisse von unternehmerischen Aktivitäten in der Rechtsform der Genossenschaft.* LIT.

Blome-Drees, J., Degens, P., Flieger, B., Lapschieß, L., Lautermann, C., Moldenhauer, J., Pentzien, J., & Young, C. (2021). Kooperatives Wirtschaften für das Gemeinwohl in der Zivilgesellschaft. *Zeitschrift für Gemeinwirtschaft und Gemeinwohl, 44*(4), 455–485 (im Druck).

Blum, C. (2013). Eine integrative Theorie des Gemeinwohls. *Politische Vierteljahresschrift, 54*(4), 662–685. https://www.jstor.org/stable/24201259. Zugegriffen: 2. Mai 2020.

Bonvin, J.-M. (2018). Defining the common good in terms of capabilities. In T. Collaud & M. Nebel (Hrsg.), *Searching for the common good* (S. 99–108). Nomos Verlagsgesellschaft mbH & Co. KG.

Brunkhorst, H. (2016). Deliberative Politik – Ein Verfahrensbegriff der Demokratie. In P. Koller & C. Hiebaum (Hrsg.), *Jürgen Habermas: Faktizität und Geltung* (S. 117–134). De Gruyter (Klassiker Auslegen, Band 62).

Bunyan, P. (2014). Re-conceptualizing civil society: Towards a radical understanding. *VOLUNTAS: International Journal of Voluntary and Nonprofit Organizations, 25*(2), 538–552.

Caillé, A. (2008). *Anthropologie der Gabe.* Campus (Theorie und Gesellschaft, 65).

Chambers, S., & Kopstein, J. (2001). Bad civil society. *Political Theory, 29*(6), 837–865.

Cohen, J. L., & Arato, A. (1999). *Civil society and political theory.* MIT Press (Studies in contemporary German social thought).

Defourny, J., Grønbjerg, K., Meijs, L., Nyssens, M., & Yamauchi, N. (2016). Voluntas Symposium: Comments on Salamon and Sokolowski's Re-conceptualization of the Third Sector. *VOLUNTAS: International Journal of Voluntary and Nonprofit Organizations, 27*(4), 1546–1561. https://doi.org/10.1007/s11266-016-9743-y.

Degens, P. (2014). Mikroversicherungen: Teil der Lösung oder Teil des Problems? In G. Klas & P. Mader (Hrsg.), *Rendite machen und Gutes tun? Mikrokredite und die Folgen neoliberaler Entwicklungspolitik* (S. 113–121). Campus.

Degens, P. (2018a). *Geld als Gabe. Zur sozialen Bedeutung lokaler Geldformen.* transcript.

Degens, P. (2018b). Verwirklichungschancen und Gemeinschaften. Zur Analyse genossenschaftlicher Wirtschaftsformen aus der Perspektive des Capability Ansatzes. *Zeitschrift für öffentliche und gemeinwirtschaftliche Unternehmen: ZögU, 41*(3), 168–181.

Degens, P. (2021). Towards sustainable property? Exploring the entanglement of ownership and sustainability. *Social Science Information, 60*(2), 209–229.

Deutschmann, C. (2007). Unsicherheit und soziale Einbettung. Konzeptionelle Probleme der Wirtschaftssoziologie. In J. Beckert, R. Diaz-Bone, & H. Ganßmann (Hrsg.), *Märkte als soziale Strukturen* (S. 79–94). Campus.

Dewey, J. (1996). *Die Öffentlichkeit und ihre Probleme.* Philo.

Edwards, M. (2008). *Civil society.* Polity.

Elsen, S., & Walk, H. (2016). Genossenschaften und Zivilgesellschaft: Historische Dynamiken und zukunftsfähige Potenziale einer ökosozialen Transformation. *Forschungsjournal Soziale Bewegungen, 29*(3), 60–72.

Engel, C. (2001). Offene Gemeinwohldefinition. *Rechtstheorie, 32*(1), 23–52.

Engelhardt, W. W. (1985). *Allgemeine Ideengeschichte des Genossenschaftswesens. Einführung in die Genossenschafts- und Kooperationslehre auf geschichtlicher Basis.* Wissenschaftliche Buchgesellschaft.

Enquete-Kommission. (Hrsg.). (2002). *Bericht der Enquete-Kommission „Zukunft des Bürgerschaftlichen Engagements." Bürgerschaftliches Engagement. Auf dem Weg in eine zukunftsfähige Bürgergesellschaft. Drucksache 14/8900.* Deutscher Bundestag.

Etzioni, A. (1972). The untapped potential of the ›third sector‹. *Business and Society Review, 1*(1), 39–44.

Evers, A. (1995). Part of the welfare mix: The third sector as an intermediate area. *VOLUNTAS: International Journal of Voluntary and Nonprofit Organizations, 6*(2), 159–182.

Evers, A. (2018). Hybridisierung und Modernisierung der Sozialwirtschaft. In K. Grunwald & A. Langer (Hrsg.), *Sozialwirtschaft. Handbuch für Wissenschaft und Praxis* (Bd. 1, S. 890–902). Nomos Verlagsgesellschaft.

Evers, A. (2019). Die Zivilgesellschaft und ihre Organisationen. Ein Vergleich verschiedener Ansätze. In A. Schröer, N. Engel, C. Fahrenwald, M. Göhlich, C. Schröder, & S. Weber (Hrsg.), *Organisation und Zivilgesellschaft. Beiträge der Kommission Organisationspädagogik* (S. 9–32). Springer VS.

Evers, A., & Laville, J.-L. (2005). Defining the third sector in Europe. In A. Evers & J.-L. Laville (Hrsg.), *The third sector in Europe. Reprinted* (S. 11–42). Elgar (Globalization and welfare).

Felber, C. (2018). *Die Gemeinwohl-Ökonomie. Das Wirtschaftsmodell der Zukunft.* Pieper.

Fladvad, B. (2021). Rethinking democracy in times of crises: Towards a pragmatist approach to the geographies of emerging publics. *Social Science Information, 60*(2), 230–252.

Flieger, B. (2016). *Prosumentenkooperation. Geschichte, Struktur und Entwicklungschancen gemeinschaftsorientierten Wirtschaftens in der Ernährungswirtschaft am Beispiel der Erzeuger-Verbraucher-Genossenschaften.* Metropolis-Verlag (Theorie der Unternehmung, Band 63).

Foucault, M. (2013). *Die Heterotopien. Der utopische Körper. Zwei Radiovorträge.* Suhrkamp.

Foundational Economy Collective. (2019). *Die Ökonomie des Alltagslebens. Für eine neue Infrastrukturpolitik* (Erste Aufl. Originalausgabe). Suhrkamp (edition suhrkamp).

Fourcade, M., & Healy, K. (2007). Moral views of market society. *Annual Review of Sociology, 33*, 285–311.

Freise, M., & Zimmer, A. (2019). Zivilgesellschaft und Wohlfahrtsstaat in Deutschland: Eine Einführung. In M. Freise & A. Zimmer (Hrsg.), *Zivilgesellschaft und Wohlfahrtsstaat im Wandel. Akteure, Strategien und Politikfelder* (S. 3–22). Springer Fachmedien (Bürgergesellschaft und Demokratie).

Gibson-Graham, J. K. (2008). Diverse economies: Performative practices for 'other worlds'. *Progress in Human Geography, 32*(5), 613–632.

Gibson-Graham, J. K. (2014). Rethinking the economy with thick description and weak theory. *Current Anthropology, 55*(9), 147–153.

Gibson-Graham, J. K., Cameron, J., & Healy, S. (2013). *Take back the economy: An ethical guide for transforming our communities.* University of Minnesota Press.

Glänzel, G., & Schmitz, B. (2012). Hybride Organisationen – Spezial- oder Regelfall? In H. K. Anheier, A. Schröer, & V. Then (Hrsg.), *Soziale Investitionen Interdisziplinäre Perspektiven* (1. Aufl., S. 181–203). VS Verlag/Springer Fachmedien (Soziale Investitionen).

Graeber, D. (2012). *Schulden*. Klett-Cotta.

Graeber, D. (2014). On the moral grounds of economic relations: A Maussian approach. *Journal of Classical Sociology, 14*(1), 65–77.

Gui, B. (1991). The economic rationale for the "third sector". *Annals of Public and Cooperative Economics, 62*(4), 551–572. https://doi.org/10.1111/j.1467-8292.1991.tb01367.x.

Habermas, J. (1993). *Faktizität und Geltung. Beiträge zur Diskurstheorie des Rechts und des demokratischen Rechtsstaats*. Suhrkamp.

Hasenfeld, Y., & Gidron, B. (2005). Understanding multi-purpose hybrid voluntary organizations: The contributions of theories on civil society, social movements and non-profit organizations. *Journal of Civil Society, 1*(2), 97–112. https://doi.org/10.1080/174486805 00337350.

Hasenöhrl, U. (2005). *Zivilgesellschaft, Gemeinwohl und Kollektivgüter*. Wissenschaftszentrum Berlin für Sozialforschung gGmbH (Discussion Papers/Wissenschaftszentrum Berlin für Sozialforschung, Forschungsschwerpunkt Zivilgesellschaft, Konflikte und Demokratie, Forschungsgruppe Zivilgesellschaft, Citizenship und Politische Mobilisierung in Europa, 2005-401).

Hettlage, R. (1990). Die Stellung der Genossenschaften in der Wirtschaft. In J. Laurinkari & J. Brazda (Hrsg.), *Genossenschaftswesen. Hand- und Lehrbuch* (S. 302–323). De Gruyter Oldenbourg.

Hirschman, A. O. (1970). *Exit, voice, and loyalty. Responses to decline in firms, organizations, and states*. Harvard University Press.

Hirschman, A. O. (1992). Rival views of market society. In A. O. Hirschman (Hrsg.), *Rival views of market society and other recent essays* (S. 77–101). Harvard University Press.

Honneth, A. (2017). *Die Idee des Sozialismus. Versuch einer Aktualisierung* (Erweiterte Ausgabe, erste Aufl.). Suhrkamp (Suhrkamp Taschenbuch Wissenschaft, 2224).

Jensen, M. N. (2006). Concepts and conceptions of civil society. *Journal of Civil Society, 2*, 39–56.

Joas, H. (2001). Die politischen Ideen des amerikanischen Pragmatismus. In I. Fetscher & H. Münkler (Hrsg.), *Pipers Handbuch der politischen Ideen* (Bd. 5, S. 611–620). Piper.

Kausmann, C., Burkhardt, L., Rump, B., Kelle, N., Simonson, J., & Tesch-Römer, C. (2019). Zivilgesellschaftliches Engagement. In H. Krimmer (Hrsg.), *Datenreport Zivilgesellschaft* (S. 55–91). Wiesbaden: Springer Fachmedien (Bürgergesellschaft und Demokratie).

Keane, J. (1998). *Civil society. Old images, new visions*. Stanford University Press.

Keane, J. (2005). Über die Einbettung des Marktes in die globale Zivilgesellschaft. In F. Adloff, U. Birsl, & P. Schwertmann (Hrsg.), *Wirtschaft und Zivilgesellschaft. Theoretische und empirische Perspektiven* (S. 23–61). VS Verlag.

Kerber-Clasen, S. (2012). Produktivgenossenschaften und solidarische Ökonomie als Forschungs- und Praxisfeld. *WSI Mitteilungen, 4*(2012), 281–288.

Klas, G., & Mader, P. (Hrsg.). (2014). *Rendite machen und Gutes tun? Mikrokredite und die Folgen neoliberaler Entwicklungspolitik*. Campus.

Klein, A. (2001). *Der Diskurs der Zivilgesellschaft*. VS Verlag (Bürgerschaftliches Engagement und Nonprofit-Sektor, 4).

Klein, A. (2019). Überlegungen zum Begriff der Zivilgesellschaft. In I.-J. Werkner & M. Dembinski (Hrsg.), *Gerechter Frieden jenseits des demokratischen Rechtsstaates. Politisch-ethische Herausforderungen* (S. 79–95). Springer Fachmedien.

Klemisch, H., & Boddenberg, M. (2016). Energiegenossenschaften und Nachhaltigkeit. Aktuelle Tendenzen und soziologische Überlegungen. *Soziologie und Nachhaltigkeit – Beiträge zur sozial-ökologischen Transformationsforschung, 2*(6), 1–18.

Kocka, J. (2000). Zivilgesellschaft als historisches Problem und Versprechen. In M. Hildermeier, J. Kocka, & C. Conrad (Hrsg.), *Europäische Zivilgesellschaft in Ost und West. Begriff, Geschichte, Chancen* (S. 13–39). Campus.

Kocka, J. (2004). Zivilgesellschaft in historischer Perspektive. In R. Jessen, S. Reichardt, & A. Klein (Hrsg.), *Zivilgesellschaft als Geschichte. Studien zum 19. und 20. Jahrhundert* (S. 29–42). VS Verlag (Bürgergesellschaft und Demokratie).

Konvivialistische Internationale. (2020). *Das zweite konvivialistische Manifest. Für eine postneoliberale Welt.* transcript.

Krimmer, H. (Hrsg.). (2019). *Datenreport Zivilgesellschaft.* VS Verlag.

Krippner, G. (2001). The elusive market: Embeddedness and the paradigm of economic sociology. *Theory and Society, 30,* 775–810.

Kubon-Gilke, G., & Maier-Rigaud, R. (2020). *Utopien und Sozialpolitik. Über die Orientierungsfunktion von Gesellschaftsmodellen.* Metropolis.

Ladwig, B. (2020). *Politische Philosophie der Tierrechte.* Suhrkamp.

Landwehr, C. (2012). Demokratische Legitimation durch rationale Kommunikation. In O. W. Lembcke, C. Ritzi, & G. S. Schaal (Hrsg.), *Zeitgenössische Demokratietheorie* (S. 355–385). VS Verlag.

Laville, J.-L. (2010). Solidarity economy. In K. Hart, J.-L. Laville, & A. D. Cattani (Hrsg.), *The human economy. A citizen's guide* (S. 225–235). Polity.

Laville, J.-L. (2016). Kritische Theorie und solidarische Ökonomie: Von den Frankfurter Schulen zu den Epistemologien des Südens. *Forschungsjournal Soziale Bewegungen, 29*(3), 203–217. https://doi.org/10.1515/fjsb-2016-0238.

Lenz, S. (2019). *Ethische Geldinstitute. Normative Orientierungen und Kritik im Bankenwesen.* Springer Fachmedien.

Les Convivialistes. (2014). *Das konvivialistische Manifest: für eine neue Kunst des Zusammen-Lebens* (Hrsg. von Frank Adloff/Claus Leggewie). transcript.

Lechterman, T., & Reich, R. (2020). Political theory and the nonprofit sector. In W. W. Powell & P. Bromley (Hrsg.), *The nonprofit sector. A research handbook* (S. 171–191). Stanford University Press.

Lichterman, P., & Eliasoph, N. (2014). Civic action. *American Journal of Sociology, 120*(3), 798–863. https://doi.org/10.1086/679189.

Mauss, M. (1990). *Die Gabe. Form und Funktion des Austauschs in archaischen Gesellschaften.* Suhrkamp (Suhrkamp-Taschenbuch Wissenschaft, 743. Erstveröffentlichung 1925).

Messner, D., & Scholz, I. (2018). Globale Gemeinwohlorientierung als Fluchtpunkt internationaler Kooperation für nachhaltige Entwicklung – Ein Perspektivwechsel. *Zeitschrift für Außen- und Sicherheitspolitik, 11*(4), 561–572. https://doi.org/10.1007/s12399-018-0734-5.

Minkoff, D. C. (2002). The emergence of hybrid organizational forms: Combining identity-based service provision and political action. *Nonprofit and Voluntary Sector Quarterly, 31*(3), 377–401. https://doi.org/10.1177/0899764002313004.

Monticelli, L. (2018). Embodying alternatives to capitalism in the 21st century. *TripleC, 16*(2), 501–517.

Münkler, H. (1997). Der kompetente Bürger. In A. Klein & R. Schmalz-Bruns (Hrsg.), *Politische Beteiligung und Bürgerengagement in Deutschland. Möglichkeiten und Grenzen* (S. 153–172). Bundeszentrale für Politische Bildung (Bundeszentrale für Politische Bildung, 347).

Münkler, H., & Krause, S. (2001). Der aktive Bürger – Eine gestalt der politischen Theorie im Wandel. In C. Leggewie & R. Münch (Hrsg.), *Politik im 21. Jahrhundert* (1. Aufl., Erstausg, S. 299–320). Suhrkamp (edition suhrkamp, 2221).

Notz, G. (2011). *Theorien alternativen Wirtschaftens. Fenster in eine andere Welt*. Schmetterling.

Novkovic, S., & Golja, T. (2015). Cooperatives and civil society: Potential for local cooperative development in croatia. *Journal of Entrepreneurial and Organizational Diversity, 4*, 153–169.

Nussbaum, M. C. (2000). *Women and human development. The capabilities approach*. Cambridge University Press (The John Robert Seeley lectures, 3).

Offe, C. (2002). Wessen Wohl ist das Gemeinwohl? In H. Münkler & K. Fischer (Hrsg.), *Gemeinwohl und Gemeinsinn. Rhetoriken und Perspektiven sozial-moralischer Orientierung* (S. 55–76). Akademie (Forschungsberichte der interdisziplinären Arbeitsgruppe „Gemeinwohl und Gemeinsinn" der Berlin-Brandenburgischen Akademie der Wissenschaften, Band 2).

Pestoff, V. A. (1992). Third sector and co-operative services – An alternative to privatization. *Journal of Consumer Policy, 15*, 21–45.

Pestoff, V. A., & Hulgård, L. (2016). Participatory governance in social enterprise. *VOLUNTAS: International Journal of Voluntary and Nonprofit Organizations, 27*, 1742–1759.

Polanyi, K. (1957). The economy as instituted process. In K. Polanyi, C. M. Arensberg, & H. W. Pearson (Hrsg.), *Trade and market in the early empires* (S. 243–270). Free Press & Falcon's Wing Press.

Polanyi, K. (1971). Carl Menger's two meanings of ›economic‹. In G. Dalton (Hrsg.), *Studies in economic anthropology* (S. 16–24). American Anthropological Association.

Polanyi, K. (1977). The economistic fallacy. In H. W. Pearson (Hrsg.), *The livelihood of man* (S. 5–17). Academic Press.

Polanyi, K. (1978). *The Great Transformation – Politische und ökonomische Ursprünge von Gesellschaften und Wirtschaftssystemen*. Suhrkamp (Erstveröffentlichung 1944).

Powell, W. W. (2020). What is the nonprofit sector? In W. W. Powell & P. Bromley (Hrsg.), *The nonprofit sector. A research handbook* (S. 3–18). Stanford University Press.

Priemer, J., Bischoff, A., Hohendanner, C., Krebstakies, R., Rump, B., & Schmitt, W. (2019). Organisierte Zivilgesellschaft. In H. Krimmer (Hrsg.), *Datenreport Zivilgesellschaft* (S. 7–54). Springer Fachmedien (Bürgergesellschaft und Demokratie).

Putnam, R. D. (2001). *Bowling alone: The collapse and revival of American community*. Simon & Schuster.

Putnam, R. D., Leonardi, R., & Nanetti, R. (1994). *Making democracy work: Civic traditions in modern Italy*. Princeton University Press.

Reich, R. (2018). Just giving. Why philanthropy is failing democracy and how it can do better. Princeton University Press.

Reinecke, J. (2018). Social movements and prefigurative organizing: Confronting entrenched inequalities in occupy London. *Organization Studies, 39*, 1299–1321.

Roth, R. (2004). Die dunklen Seiten der Zivilgesellschaft. Grenzen einer zivilgesellschaftlichen Fundierung von Demokratie. In A. Klein, K. Kern, B. Geißel, & M. Berger (Hrsg.), *Zivilgesellschaft und Sozialkapital: Herausforderungen politischer und sozialer Integration* (S. 41–64). VS Verlag.

Rothschild, J., & Stephenson, M. (2009). The meaning of democracy in non-profit and community organizations: Charting the currents of change. *American Behavioral Scientist, 52*(6), 800–806. https://doi.org/10.1177/0002764208328734.

Salamon, L. M., & Anheier, H. K. (1999). Civil society in comparative perspective. In L. M. Salamon, H. K. Anheier, R. List, S. Toepler, & S. W. Sokolowski (Hrsg.), *Global civil society. Dimensions of the nonprofit sector* (S. 3–39). Johns Hopkins Center for Civil Soc. Studies (Johns Hopkins nonprofit sector series).

Salamon, L. M., & Sokolowski, S. W. (2016). Beyond nonprofits: Re-conceptualizing the third sector. *VOLUNTAS: International Journal of Voluntary and Nonprofit Organizations, 27*(4), 1515–1545.

Salamon, L. M., Sokolowski, S. W., & List, R. (2003). *Global civil society: An overview* (1. Aufl.). Baltimore, Johns Hopkins Center for Civil Society Studies.

Schiller-Merkens, S. (2020). Scaling up alternatives to capitalism: A social movement approach to alternative organizing (in) the economy. Vortrag gehalten auf dem virtuellen SASE meeting 2020.

Schimmele, C. (2019). *Zur Organisation demokratischer Unternehmen. Eine Studie erfolgreicher Produktivgenossenschaften in den USA.* Springer Fachmedien.

Schmale, I. (2020). Nachhaltigkeit von und durch Genossenschaften. In F. Schulz-Nieswandt, J. Blome-Drees, N. G. von Ravensburg, A. Jungmeister & I. Schmale (Hrsg.), *Handbuch Genossenschaftswesen* (S. 1–24). Springer Fachmedien.

Schmelzer, M., & Vetter, A. (2019). *Degrowth/Postwachstum zur Einführung.* Junius.

Schmidt, J. (2007). *Zivilgesellschaft. Bürgerschaftliches Engagement von der Antike bis zur Gegenwart; Texte und Kommentare. Orig.-Ausg.* Rowohlt-Taschenbuch (Rororo Rowohlts Enzyklopädie, 55687).

Schmitz, B. (2015). Beyond structural governance. *International Studies of Management & Organization, 45*(3), 241–258.

Schneidewind, U. (2014). Urbane Reallabore. Ein Blick in die aktuelle Forschungswerkstatt. *pnd-online, 3.* https://epub.wupperinst.org/files/5706/5706_Schneidewind.pdf. Zugegriffen: 26. Juli 2021.

Schulz-Nieswandt, F. (2008). Zur Morphologie des Dritten Sektors im Gefüge zwischen Staat, Markt und Familie. Ein Diskussionsbeitrag zur Ciriec-Studie „Die Sozialwirtschaft in der Europäischen Union". *ZögU, 31*(3), 323–336.

Schulz-Nieswandt, F. (2015). Zur morphologischen Möglichkeit der Gemeinwirtschaftlichkeit des genossenschaftlichen Formprinzips«. In R. Andeßner, D. Greiling, M. Gmür, & L. Theuvsen (Hrsg.), *Ressourcenmobilisierung durch Nonprofit-Organisationen. Theoretische Grundlagen, empirische Ergebnisse und Anwendungsbeispiele* (S. 467–476). Trauner.

Sciulli, D. (2001). *Corporate power in civil society. An application of societal constitutionalism.* New York University Press.

Selk, V., & Jörke, D. (2012). Der Vorrang der Demokratie. In O. W. Lembcke, C. Ritzi, & G. S. Schaal (Hrsg.), *Zeitgenössische Demokratietheorie* (S. 255–284). VS Verlag.

Sen, A. (1999). *Commodities and capabilities.* Oxford University Press.

Shils, E. (1991). The virtue of civil society. *Government and opposition, 26*(1), 3–20. https://doi.org/10.1111/j.1477-7053.1991.tb01120.x.

Simsa, R. (2013). Gesellschaftliche Restgröße oder treibende Kraft? Soziologische Perspektiven auf NPOs. In R. Simsa, M. Meyer, & C. Badelt (Hrsg.), Handbuch der Nonprofit-Organisation, Strukturen und Management (S. 125–142). Schäffer Poeschelt.

Sombart, W. (1927). *Die Ordnung des Wirtschaftslebens.* Springer.

Sparsam, J. (2015). *Wirtschaft in der New Economic Sociology: Eine Systematisierung und Kritik.* Springer VS.

Stehr, N. (2007). *Die Moralisierung der Märkte. Eine Gesellschaftstheorie* (Orig.-Ausg., 1. Aufl.). Suhrkamp (Suhrkamp-Taschenbuch Wissenschaft, 1831).

Strachwitz, R. G., Priller, E., & Triebe, B. (2020). Handbuch Zivilgesellschaft. De Gruyter Oldenbourg. https://www.degruyter.com/view/title/530033. Zugegriffen: 12. Mai 2020.

Sziedat, K. (2020). *Erwartungen im Umbruch. Die westdeutsche Linke und das Ende des „real existierenden Sozialismus".* De Gruyter Oldenbourg (Quellen und Darstellungen zur Zeitgeschichte).

Taylor, C. (2001). *Wieviel Gemeinschaft braucht die Demokratie? Aufsätze zur politischen Philosophie.* Suhrkamp (Suhrkamp-Taschenbuch Wissenschaft, 1569).

Thiemeyer, T. (1970a). *Grundsätze einer Theorie der Gemeinwirtschaft* (Schriftenreihe Gemeinwirtschaft Band 3), Bank für Gemeinwirtschaft.

Thiemeyer, T. (1970b). *Gemeinwirtschaftlichkeit als Ordnungsprinzip. Grundlegung einer Theorie gemeinnütziger Unternehmen.* Duncker & Humblot.

Thürling, M. (2020). Sozialgenossenschaften als gemeinwirtschaftliche Unternehmen: Begriffsbestimmung und Typologie. *Zeitschrift für öffentliche und gemeinwirtschaftliche Unternehmen, 42*(1–2), 85–103.

de Tocqueville, A. (2014). *Über die Demokratie in Amerika.* Reclam (Reclams Universal-Bibliothek, Nr. 8077. Erstveröffentlichung 1835).

van Dyk, S. (2019). Community-Kapitalismus. In K. Dörre, H. Rosa, K. Becker, S. Bose, & B. Seyd (Hrsg.), *Große Transformation? Zur Zukunft moderner Gesellschaften: Sonderband des Berliner Journals für Soziologie* (S. 279–295). Springer Fachmedien.

von Hippel, T., & Walz, W. R. (2007). Rechtsvergleichender Generalbericht. In W. R. Walz, T. von Hippel, & L. von Auer (Hrsg.), *Spenden- und Gemeinnützigkeitsrecht in Europa. Rechtsvergleichende, rechtsdogmatische, ökonometrische und soziologische Untersuchungen* (S. 89–214). Mohr Siebeck.

Vogel, C., & Tesch-Römer, C. (2017). Informelle Unterstützung außerhalb des Engagements: Instrumentelle Hilfen, Kinderbetreuung und Pflege im sozialen Nahraum. In C. Tesch-Römer, C. Vogel, & J. Simonson (Hrsg.), *Freiwilliges Engagement in Deutschland: Der Deutsche Freiwilligensurvey 2014* (S. 253–283). Springer Fachmedien.

Walk, H. (2019). Genossenschaften als alte und neue Player. In M. Freise & A. Zimmer (Hrsg.), *Zivilgesellschaft und Wohlfahrtsstaat im Wandel. Akteure, Strategien und Politikfelder* (S. 123–142). Springer Fachmedien (Bürgergesellschaft und Demokratie).

Wright, E. O. (2015). Durch Realutopien den Kapitalismus transformieren. In M. Brie (Hrsg.), *Mit Realutopien den Kapitalismus transformieren?* (S. 59–106). VSA (Beiträge zur kritischen Transformationsforschung, 2).

Wright, E. O. (2017). *Reale Utopien. Wege aus dem Kapitalismus* (Unter Mitarbeit von Michael Brie. Deutsche Erstausgabe, erste Aufl.). Suhrkamp (Suhrkamp Taschenbuch Wissenschaft, 2192).

Zamagni, S. (2018). The common good and the civil economy. In T. Collaud & M. Nebel (Hrsg.), *Searching for the common good* (S. 79–98). Nomos Verlagsgesellschaft mbH & Co. KG.

Zimmer, A. (2009). Genossenschaften als zivilgesellschaftliche Organisationen? In H. J. Rösner & F. Schulz-Nieswandt (Hrsg.), *Beiträge der genossenschaftlichen Selbsthilfe zur wirtschaftlichen und sozialen Entwicklung, Neue Kölner Genossenschaftswissenschaft* (S. 143–156). LIT.

Zimmer, A. (2014). Money Makes the World Go Round! Ökonomisierung und die Folgen für NPOs. In A. Zimmer & R. Simsa (Hrsg.), *Forschung zu Zivilgesellschaft, NPOs und Engagement, Bürgergesellschaft und Demokratie* (S. 163–180). Springer.

Zimmer, A., & Priller, E. (2005). Der dritte Sektor im aktuellen Diskurs. In K. Birkhölzer, A. Klein, E. Priller, & A. Zimmer (Hrsg.), *Dritter Sektor/Drittes System. Theorie, Funktionswandel und zivilgesellschaftliche Perspektiven* (1. Aufl., S. 49–70). VS Verlag (Bürgergesellschaft und Demokratie, Band 20).

Zimmer, A., & Priller, E. (2019). Genossenschaften als Teil des Dritten Sektors. *Zeitschrift für Öffentliche und Gemeinwirtschaftliche Unternehmen, 42*(3), 280–299.

Printed in the United States
by Baker & Taylor Publisher Services